포스트 코로나 로드맵

PANDEMIC

포스트 코로나 로드맵

이종호 지음

북카라반
CARAVAN

최근 우리의 삶을 근본적으로 바꾸어놓은 두 가지가 있다. 하나는 코로나바이러스감염증-19(코로나19)이고 다른 하나는 2016년 1월 세계경제포럼에서 클라우스 슈바프Klaus Schwab 회장이 말한 4차 산업혁명이다. 이 두 가지는 우리의 현재 삶을 바꾸어놓았을 뿐 아니라 미래도 완전히 변화시킬 것이다. 코로나19와 4차 산업혁명에 대한 이해 없이는 미래에 적응할 수도, 대처할 수도 없다.

코로나19가 확산된 이후 한국에서는 2020년 4월 국회의원 선거가, 미국에서는 11월 대통령 선거가 있었다. 이 두 선거를 비교해보면 한국이 4차 산업혁명에 잘 적응

했다는 것을 알 수 있다. 선거 당일 투표할 수 없는 사람은 사전 투표일에 전국 각지의 사전 투표소에서 신원만 확인하면 거주지가 아니더라도 투표할 수 있었다. 전국의 주민센터에서 수많은 행정 서류를 곧바로 발급받을 수 있는 것도 같은 맥락이다.

버스 정류장에서 버스의 도착 시간을 알려주는 것은 물론 도착하는 버스가 혼잡한지 빈자리가 있는지도 알려준다. 고속도로에서 스마트폰으로 어느 구간이 정체되는지를 파악할 수 있는 것도 4차 산업혁명의 핵심인 빅데이터 등이 적소에 활용되기 때문이다.

큰 틀에서 4차 산업혁명은 그동안 발전해온 인공지능과 로봇 등이 효율적으로 업그레이드되어 인간의 생활을 풍족하게 만들어주는 것이라 할 수 있다. 4차 산업혁명을 알리는 신호가 곳곳에서 감지되지만 모든 것이 순식간에 바뀌는 것은 아니다. 1, 2, 3차 산업혁명도 본격적으로 진행되는 데 상당한 시간이 걸렸다.

4차 산업혁명이 다양한 분야에 접목되며 발전하는 중에 코로나19로 인한 팬데믹pandemic이 발생했다. 코로나

19는 감염자의 비말이 호흡기나 눈·코·입의 점막으로 침투될 때 전염된다. 그러므로 사람 간에 직접 대면하지 않는 것이 중요하고, 직접 접촉을 전제로 행했던 모든 일이 거의 멈추면서 비대면untact 기술로 처리하게 되었다.

그런데 비대면이야말로 4차 산업혁명이 지향하던 바다. 4차 산업혁명은 인공지능, 인터넷 등을 통해 인간의 비대면을 목표로 삼았다. 학자들은 코로나19로 인한 변화가 이미 출발한 4차 산업혁명의 열차를 10년 정도 빠르게 달리게 했다고 설명한다.

『포스트 코로나 로드맵』은 이러한 변화에 어떻게 준비해야 하는지를 다룬 책이다. 새로운 환경에서 슬기롭게 살아남으려면 코로나19가 만든 세상을 제대로 이해하는 것이 필요하다. 이 책은 팬데믹과 코로나19에 대한 전문적인 내용을 전달하거나 전문가가 될 사람을 위한 교재는 아니다.

1부에서는 코로나19와 팬데믹에 대해 설명하고 어떻게 전염을 막을 수 있는지 알아본다. 2부에서는 팬데믹 시대에 더욱 주목받는 4차 산업혁명에 대해 설명한다. 사물 인터넷IoT, 5G, 비대면 교육과 물류의 변화로 우리에게 닥친 변화를 이해해본다. 3부는 미래의 기반이 될 분야들에 관한 것이다. 많은 미래 기술이 있지만 그중에서도 단연 영향력이 클 인공지능, 로봇, 교통, 핵융합 기술로 압축했다. 4부에서는 팬데믹 이후 부상할 미래 기술 25가지를 8개 분야로 나누어 설명한다. 이는 미래를 이끌 아이디어들로 새로운 시대에 낙오되지 않고 슬기롭게 대처할 방법에 대한 단서라고 할 수 있다.

2020년 12월

이종호

차례

POST CORONA ROADMAP

제1부

코로나19 알아보기

2020년 3월 12일 세계보건기구WHO는 코로나19를 팬데믹으로 선언했다. 팬데믹은 특정 질병이 전 세계적으로 유행하는 것으로, 감염병이 특정 권역을 넘어 2개 대륙 이상으로 확산된 것을 말한다. 인류 역사에서 팬데믹으로 볼 수 있는 질병은 14세기 유럽 인구 3분의 1의 생명을 앗아간 흑사병(페스트), 1918년 전 세계에서 2,000~5,000만 명 이상의 사망자를 낸 스페인 독감, 1957년 약 100만 명의 사망자를 내었다고 하는 아시아 독감, 1968년 80만 명이 사망한 홍콩 독감 등이다.

특히 스페인 독감으로 5,000만 명이 사망했다. 당시 무려 5억 명 가량이 스페인 독감에 걸렸다고 한다. 당시는 제1차 세계대전이 끝날 무렵으로 영국, 독일, 프랑스에서는 언론 검열이 심해 사람들은 독감이 유행한다는 사실조차 몰랐다. 중립국이던 스페인에서 한 신문이 1918년 3월 "이상한 질병이 퍼지고 있는데 아직 마드리드에는 사망자가 없다"는 기사를 처음으로 내보내고 계속해서 독감 관련 소식을 보도했다. 이로 인해 스페인 독감은 스페인에서 시작되었다는 오명을 뒤집어썼다.

스페인 독감은 일반 독감과 여러 면에서 다르다. 일반 독감은 치사율이 0.1퍼센트에 불과한데 스페인 독감의 치사율을 20퍼센트로 일반 독감에 비해 무려 200배나 높았다. 또한 일반 독감은 5세 미만 또는 65세 이상 면역력이 약한 사람의 사망률이 높지만 스페인 독감은 25~35세 청년의 사망률이 높았다. 아침까지 별다른 이상 없이 멀쩡했던 사람이 저녁에 갑자기 사망하기도 해 사람들을 놀라게 했다.

코로나19는 감염자의 비말(침방울)이 호흡기나 눈·코·입의 점막으로 침투될 때 전염된다. 그러므로 전염을 예방하려면 다른 사람과 거리를 두고 바이러스가 옮겨지는 것 자체를 피해야 한다.

2020년 12월 21일 현재 전 세계에서 발생한 코로나19 환자는 7,511만여 명, 사망자 168만여 명에 달한다. 한국은 중국에 이어 전염병 확산 초기부터 환자가 발생해 한국인 입국이 금지당하기도 했으나 현재는 확진자 5만 591명, 사망자 698명으로 상대적으로 우수하게 막아내고 있다. 국내 코로나19 사망률은 1.38퍼센트다.

한국이 코로나19 방역에 가장 성공한 나라는 아니지만 강력한 방역 조처가 성공을 거둔 국가 중 하나다. 여러 상황을 볼 때 우여곡절은 있었지만 코로나19에 잘 대처했다는 뜻이다.

이런 결과를 세계가 모를 리 없다. 『뉴사이언티스트』는 한국의 성공적인 코로나19 방역을 비중 있게 보도했다. 특히 코로나19의 빠른 확산 속도에 대응하는 한국의 대처 방식에 집중했다. 코로나19가 전 세계로 전파되면서 세계를 경악시킨 2020년 3월, 한국이 첨단 장비를 활용한 신속한 대응으로 사망률의 경우 3퍼센트대의 세계 평균치보다 훨씬 낮은 0.6퍼센트대를 기록했다고 했다.

『뉴사이언티스트』는 더 중요한 지적으로 한국의 첨

단 의료 장비와 빠른 진단 속도를 감안했을 때 인류가 성취할 수 있는 '가장 정확한 계산 결과'로 볼 수 있다고 평가했다. 한국이 얼마나 재빠르게 코로나19에 대처했는지는 미국과 한국이 같은 날에 첫 번째 환자를 발견했는데 그 후 한국이 18만 9,000명을 진단하는 동안 미국은 1,707명을 진단하는 데 그쳤다고 지적했다.

　한국의 코로나19 대처가 세계의 주목을 받는 것은 빠른 진단과 신속한 대응이 코로나19로 인한 사망률을 낮추었다고 보기 때문이다. 한국이 세계 많은 나라 중에서 현격히 코로나19 방역에 성공한 이유는 여러 가지지만 그 비법은 간단하다. 손 씻기 등 소독, 마스크 사용과 비대면 생활이다. 여기서는 코로나19가 무엇이며 손 씻기와 비대면이 어떻게 코로나19 방역의 대안으로 제시되었는지에 대해 설명한다.

COVID - 19

1 코로나19란?

PANDEMIC

—— 〈컨테이젼〉의 예언

2011년 개봉한 영화 〈컨테이젼〉에서 미국 질병통제예방센터CDC 책임자는 "가장 확실한 방법은 사람들과의 접촉을 피하는 것입니다. 악수하지 말고 아프면 집에 있고 손을 자주 씻어야 합니다"라고 말한다. 지금 우리가 매일 귀가 따갑게 듣는 코로나19의 예방 수칙과 다름없다. 10여 년 전에 지금의 사태를 예상이나 한 듯한 장면을 연출한 것이다. 영화의 줄거리는 다음과 같다.

홍콩 출장에서 돌아온 베스가 발작을 일으키며 사망하고,

원인을 알기도 전에 베스에게 감염되어 아들마저 사망한다. 얼마 지나지 않아 세계 각국에서 사람들이 같은 증상으로 사망한다. 일상생활의 접촉을 통해 전염이 일어나고, 전염자 수가 1명에서 4명, 4명에서 16명, 수백수천 명으로 기하급수적으로 늘어나기 시작한다. 미국 질병통제센터에서 전문가를 급파하고 세계보건기구는 최초 발병 경로를 조사한다. 이 가운데 진실이 은폐되었다고 주장하는 프리랜서 저널리스트가 음모론을 촉발하고, 그가 운영하는 블로그를 통해 음모론과 공포가 전 세계로 빠르게 확산된다.

어디서 어떻게 걸렸는지 알 수 없는 전염병에 걸린 사람들이 생기고 순식간에 병이 확산되며 치사율은 25퍼센트에 달한다. 수많은 사람이 격리되고 이들을 치료하는 의사들도 감염되기 시작한다. 병상이 부족해 치료를 받지 못한 수많은 사람이 사망한다. 치료제도 백신도 없는 상태에서 유사 치료법과 약물이 등장한다.

바이러스는 다국적 거대 기업의 난개발로 숲이 파괴되고 숲에 서식하던 박쥐가 인근 농가로 날아들면서 시작되었다. 박쥐는 먹이를 돼지 축사에 떨어뜨리고, 돼지가 그것을 주워 먹는다. 비위생적인 축사에서 자란 돼지는 식당으로 팔려가 도축된다. 그 고기를 요리하던 주방장은 손을 앞치마에 대충 닦고 베스와 악수를 하며 사진을 찍는다. 이날이 바이러스 발생 1일이다.

〈컨테이젼〉의 시나리오는 코로나19와 흡사하다. 대처방안 역시 지금의 현실과 판박이인데, 타인과 접촉을 하지 않는 '사회적 거리 두기'뿐이기 때문이다. 코로나19는 아직 치료제도 백신도 없으므로 다른 사람들과 만나지 않는 것이 중요하다. 또한 어디에서 감염될지 모르기 때문에 항상 손을 씻고 바이러스가 전파되지 않도록 하는 것이 유일한 예방 조치다.

—— 바이러스란 무엇인가?

1892년 러시아의 생물학자 드미트리 이바노프스키Dmitri Ivanovsky는 담배모자이크병에 관해 연구하고 있었다. 이바노프스키는 병의 원인을 찾기 위해 병에 걸린 잎에서 짜낸 즙을 세균 여과기에 걸러보았으나 어떠한 병원성 세균도 발견되지 않았다.

이는 파스퇴르와 코흐의 '미생물 병원체설'에 위배되는 것이다. 당시에는 어떤 병이든 병원균이 있다고 생각했다. 세균이라면 당연히 여과지에 걸러져야 하는데 세균이 발견되지 않으니 '세균 여과기에 걸러지지 않을 만큼 작은 물질'이 존재할 가능성이 있는 셈이다. 이바노프스키는 세균을 걸러낸 여과액을 싱싱한 담뱃잎에 발랐더니 며칠 뒤 담뱃잎 여기저기에 반점이 생겼다.

이바노프스키의 실험이 알려지자 네덜란드의 식물학자 마르티뉘스 베이에링크Martinus Beijerinck도 담뱃잎에 발생하는 모자이크병을 집중적으로 연구했다. 베이에링크도 모자이크병에 감염된 잎에서 얻어낸 추출물을 박테리아도 걸러낼 수 있는 촘촘한 필터로 걸러보았지만 병원체는 발견되지 않았다. 그래도 담배모자이크병은 계속되었으며 끓여서 여과해도 여전히 발병했다.

바이에링크는 파스퇴르 역시 광견병을 연구하면서 병원체를 찾지 못했다는 것을 알고 있었다. 그는 여과액 속에 액체형의 전염성 병원체가 존재한다고 주장했다.

1898년 그는 자신의 연구 결과를 공개하면서 담배모자이크병의 원인은 극도로 작은 미생물이라며 이 미생물을 '액상 전염성 바이러스contagium vivium fluidum'라고 명명했다. 바이러스virus는 독이라는 뜻이다.

세균은 세포 크기만한 것부터 아주 작은 것까지 크기가 다양하다. 직경은 보통 2마이크로미터 정도이며 가장 작은 세균은 0.4마이크로미터 정도다. 이는 독립된 생물체로서 필요한 대사 기능이 이루어지는 최소한의 크기다.

바이러스가 여과지에 걸러지지 않았던 이유는 크기가 세균에 비해 매우 작기 때문이다. 소아마비를 일으키는 폴리오바이러스는 크기가 27나노미터인데 코로나19를 일으키는 SARS-CoV-2 바이러스의 크기는 약 120나노미터다. 이들은 전자현미경을 이용하지 않으면 관찰할 수 없다.

바이러스는 이렇게 작기 때문에 스스로 살아가지 못하고 숙주에 기생하며 살아간다. 바이러스가 자랄 수 있는 유일한 장소는 살아 있는 세포다. 동물세포에서 기생하면 동물 바이러스, 식물세포에서 살아가면 식물 바이러스, 미생물에 살면 파지phage라고 부른다.

크기가 비교적 큰 병원균은 여분의 공간에 자신의 복제품을 만들 도구를 저장하는데 항생제 등으로 박멸할 수 있다. 바이러스보다 세균이 퇴치하기 쉬운 이유도 이 때문이다. 세균은 인체 세포와 크게 다르므로 이들만 공격하는 약물을 만드는 것이 비교적 쉽다.

바이러스는 크기가 작기 때문에 스스로 복제할 능력이 없다. 그래서 숙주를 감염시킨 후 숙주의 복제 시스템을 활용해 증식한다.

바이러스는 몇 개의 단백질을 사용해 다양한 모양으로 조립되면서 공기, 물, 토양을 통해 숙주 사이를 마음대로 이동할 수 있다. 인간의 세포는 약 2만 개의 단백질을 사용하는 데 비해 SARS-CoV-2 바이러스는 단백질을 33개만 사용한다.

바이러스는 숙주의 기관을 이용해 인체 세포와 동일한 메커니즘을 사용하므로 약물로 표적 공격하는 것이 어렵다. 즉, 바이러스를 제거하되 인체 세포를 손상시키지 않는 약물을 사용해야 한다는 것이다. 더구나 바이러스는 엄청나게 다양한 돌연변이를 빠르게 양산하므로 치료제와 백신이 개발되더라도 시간이 지나면 효력을 잃기 십상이다.

치료법이 나와 있고 백신이 자주 업데이트되며, 공공보건의 오랜 대응에도 독감 바이러스가 전 세계적으로 매년 수십만 명의 사망자를 내는 것을 보면 바이러스가 얼마나 대처하기 어려운지 알 수 있다.

—— 코로나19 퇴치가 어려운 이유

2019년 중국 우한에서 발생한 코로나19도 질병의 원인이 바이러스이므로 퇴치하는 것이 만만치 않다. 호주왕립의과대학 존 윌슨John Wilson 교수는 코로나19에 걸린 환자를 크게 네 그룹으로 분류했다.

- 바이러스를 보유하고 있지만 특별한 증상이 나타나지 않는 무증상sub-clinical 확진자.
- 기도 윗부분이 바이러스에 감염되어, 고열과 기침 증세가 나타나면서 두통이나 결막염 같은 가벼운 증상이 있지만 재택 치료가 가능한 확진자.

- 심하지 않은 증상을 보이며 주변에 바이러스를 대량 전파하고 있지만, 자신이 바이러스를 전파하고 있다는 사실을 모르고 있는 확진자.
- 폐렴과 유사한 증상을 보이는 생명이 위험한 확진자.

코로나19의 대표적인 증세는 고열과 기침이다. 이는 호흡기 감염에 따른 증상이다. 코로나19에 감염되면 호흡기관을 따라 손상이 일어나며, 염증으로 발전한다.

염증이 발생하면 기도에 있는 신경이 민감하게 반응한다. 외부에서 먼지와 같은 물질이 들어오면 신경이 자극되어 기침을 하게 된다. 기도에서 발생한 염증이 계속 퍼져나가면 기도의 마지막 부분인 허파꽈리에 도달한다.

허파꽈리는 산소를 폐 모세혈관으로 이동시키고, 이산화탄소를 외부로 내보내는 일을 한다. 허파꽈리에 염증이 발생하면 처음에는 증상이 미미해도 폐렴에 이르고 사망에 이를 수도 있다.

코로나19가 다른 폐렴과 다른 점은, 허파 전체에 빠르게 염증을 유발한다는 것이다. 그래서 노령자나 폐 질환,

당뇨 등을 앓고 있는 사람에게 치명적이다. 코로나19는 바이러스성 폐렴으로 환자가 염증 유발 물질을 퍼뜨려 다른 사람에게 옮길 수 있기 때문에 전염 속도가 빠르다. 이것이 코로나19가 팬데믹으로 확산된 이유다.

2 코로나19가 팬데믹이 된 이유

── 사스, 메르스, 코로나19

코로나19는 포유류와 조류 사이에서 발견되는 코로나바이러스의 한 종류다. 코로나바이러스는 1930년대 초 전염성 기관지염에 걸린 닭에서 처음 발견되었고, 1960년대에 사람에서도 발견되었다. 코로나바이러스는 지름 80~160나노미터의 공 모양 입자로 표면에 곤봉 모양으로 늘어선 돌기들이 있다. 이 돌기들이 왕관을 연상시켜 라틴어로 왕관을 뜻하는 '코로나'라는 이름이 붙었다.

　코로나바이러스는 유전정보를 가진 RNA를 캡시드라고 불리는 단백질 껍질이 싸고 있고, 다시 그 바깥쪽을

엔벨로프라는 지질脂質로 이루어진 막이 감싸고 있다. 엔벨로프의 표면에는 돌기가 늘어서 있는데, 단백질로 이루어진 이 돌기는 스파이크라고 불리며 세포를 붙잡아 그 안으로 침투할 때 중요한 역할을 한다.

코로나바이러스는 기생하는 숙주에 따라 알파, 베타, 감마, 델타 네 가지 속으로 분류한다. 알파와 베타는 사람을 비롯한 포유동물에게 감염되고, 감마는 조류에게 감염되며, 델타는 야생 조류와 돼지에게 감염된다.

코로나바이러스가 사람에게 감염되면 감기 증세를 일으키는데, 주로 두통이나 인후통과 기침을 동반한 코감기 증상을 보인다. 코로나바이러스로 인한 감기는 겨울철에 발생하는 성인 감기의 10~30퍼센트를 차지해 아데노바이러스, 리노바이러스와 함께 사람에게 감기를 일으키는 3대 바이러스로 꼽힌다. 인간에게 매우 친숙한 바이러스라는 뜻이다.

그런데 야생동물 사이에서 감염되던 코로나바이러스가 유전자 변이를 일으키면 사람에게도 전파될 수 있다. 학자들은 인간과 야생동물이 어떤 경우로든 접촉했을 때

그 가능성이 커진다고 말한다. 그 대표적인 예가 바로 사스와 메르스, 그리고 코로나19다.

2002년 11월 중국에서 사람에서 사람으로 감염되는 중증 급성 호흡기 증후군SARS, Severe Acute Respiratory Syndrome이 등장했다. 사스에 감염되면 갑자기 38도 이상의 고열이 나고 기침이나 호흡곤란 등의 증상을 일으키는 폐렴에 걸린다. 사스도 비말을 통해 감염되기 때문에 수개월 만에 홍콩, 싱가포르, 캐나다 등 세계 각지로 확산되었다.

사스의 원인은 신종 코로나바이러스로, 사향고양이를 통해 사람에게 전파되었다고 추정한다. 그리고 계속된 연구를 통해서 홍콩과 중국 일부 지방에 사는 야생 관박쥐가 숙주 동물이라는 것이 밝혀졌다.

사스는 전 세계적인 주목을 받았지만 희생자 수로만 보면 엄청난 전염병은 아니었다. 그러나 높은 치사율로 전 세계를 놀라게 했다. 세계보건기구는 2003년 8월 사스의 종식을 선언했는데, 총 29개 국가에서 8,096명이 감염되고 774명이 사망해 치사율이 9.6퍼센트에 이르렀다. 특히 65세 이상에서 50퍼센트 이상의 치사율을 보여 사람들에게 큰 공포심을 주었다.

2012년, 사우디아라비아에서 사스와 비슷한 호흡기 질환이 발생했다. 중동 호흡기 증후군MERS, Middle East Respiratory Syndrome으로 이 역시 신종 코로나바이러스로 인한 것이다. 이 바이러스는 중동을 중심으로 유럽, 아프리카, 아시아, 미국 등 27개국으로 퍼져나가 2,494명이 감염되었고 사망자는 858명으로 치사율은 20.5퍼센트 수준이었다.

메르스는 2015년 5월 한국에도 퍼져 확진자 186명, 사망자 39명이 발생했다. 메르스는 상대적으로 전염력은 약하지만 치사율이 20퍼센트나 될 정도로 매우 높았다. 메르스도 사스와 마찬가지로 박쥐에서 진화해 낙타를 매개로 사람에게 전염되었다고 알려졌다.

코로나19 바이러스는 사스와 메르스를 일으킨 신종 코로나바이러스와 함께 베타 속에 속한다. 사스와 마찬가지로 감염자의 비말을 통해 전염되기 때문에 전염력이 매우 강하다. 일단 감염되면 발열과 기침, 인후통 등 호흡기 증상이 나타나고 면역력이 낮은 사람에게는 중증 폐렴을 일으켜 사망에 이르게 한다.

—— 네안데르탈인의 유전자

미국의 패트릭 보일Patrick Boyle 박사는 코로나19의 DNA
는 뉴클레오티드로 구성된 약 2만 9,000개의 기본 골격으
로 형성되어 있다고 발표했다. 그런데 신종 바이러스가
사람과 사람 사이에서 전염되는 과정에서 변화가 일어나
2만 9,000개의 뉴클레오티드 중 1~2개의 염기 서열에 차
이가 발생했다는 것이다.

근래 매우 흥미로운 연구 내용이 발표되었다. 6만 년
전에 살았던 네안데르탈인에게서 코로나19 증세를 악화
시키는 유전자가 발견되었다는 것이다.

스웨덴 카롤린스카 연구소의 휴고 제베르게Hugo
Zeberg 박사는 인간의 3번 염색체에서 코로나19 증세를 악
화하는 유전자 6개를 찾아냈으며, 이들 유전자는 약 6만
년 전 네안데르탈인에게서 전달된 것이라고 밝혔다. 연구
진은 이 유전자들의 유전 과정을 추적해 면역 시스템을
구축하면 효과적인 면역 체제를 구축할 수 있을 것으로

추정했다.

코로나19는 70세 이상 고연령층의 감염 가능성과 치명률이 높다는 것은 잘 알려진 사항이다. 학자들은 중증 환자들에게서 두 가지 특징을 발견했다. 하나는 증세가 미미한 환자들과 달리 중증 환자들은 9번 염색체에 차이가 있으며, 3번 염색체 안에 6개의 유전자가 포함되어 있다는 것이었다.

3번 염색체 안에 들어 있는 6개의 유전자는 감염 증세가 이어지는 동안 신속하게 변화했으며, 평소보다 3배나 빨리 변이하기도 했다. 이 3번 염색체 속에 있는 유전자의 과거를 추적했더니 6만 년 전 네안데르탈인에게서 유전된 것이었다. 이는 6만 년 전에도 바이러스로 인한 전염병이 돌았을 가능성을 말해준다.

악성 유전자가 네안데르탈인에게서 전수되었든 아니든 바이러스가 위협적인 것은 언제든지 새로운 바이러스가 등장할 수 있기 때문이다. 이은희 과학 칼럼니스트는 이 점에 관해 다음과 같이 지적했다. "언젠가 코로나19는 극복할 수 있을 것이다. 하지만 또 다른 바이러스가 진화되어 나올 것이다. 바이러스의 의지가 아니라 바이러스에게 편한 숙주가 있기 때문에 또 번식하는 것이다."

바이러스는 숙주에 기생해서 살아간다. 때문에 모든 숙주가 죽어버리면 바이러스도 살아남을 수 없다. 학자들은 에볼라바이러스로 인한 출혈열이 팬데믹 단계에 이르지 않는 것은 이 바이러스의 치명률이 너무 높기 때문인 것으로 추정한다. 감염병이 확산되기 전에 확진자들이 죽었기 때문에 더 멀리 확산되지 않고 일부 지역에서 유행하는 데 그쳤다는 것이다.

더 위험한 것은 치명률은 낮지만 감염률이 높은 전염병이다. 팬데믹 단계가 되면 숙주가 전 세계 인구로 확산되므로 치명률이 낮아도 더 많은 사망자가 발생한다. 코로나19가 그런 경우다.

—— 태아가 코로나19에 걸리지 않는 이유

아이를 임신한 사람이 코로나19에 걸리면 태아도 코로나19에 걸릴까? 태아는 태반을 통해 영양분을 공급받고 노폐물을 배출한다. 엘리샤 와치먼 Elisha Wachman 교수는 태반에서 코로나19 감염을 차단하는 세포를 발견했다고 발표했다.

와치먼 교수는 산모 15명의 태반 세포조직을 분석한 결과, 태반에 코로나19 바이러스가 침투해 있었으나 어떤 태아에서도 감염 증상이 나타나지 않았다는 것을 확인했다. 태반 내 세포조직이 바이러스 침투를 강력히 방어하므로 태아 감염이 나타나지 않았다는 것이다.

와치먼 교수는 코로나19에 감염된 태반이 폐와 작은창자, 큰창자 등의 장기와 유사한 면역반응을 보이지만 다른 장기들과 달리 독특한 면역 기능을 수행한다고 판단했다. 태반 세포조직을 분석한 결과 세포 표면에서 TMPRSS2와 ACE2 단백질을 다수 발견했다. TMPRSS2는 신종 바이러스 감염의 연결 고리가 되는 스파이크 단백질을 활성화하는 역할을 하는 분해 효소이며, ACE2는 바이러스를 세포 내 수용하는 수용체를 말한다. 그러나 바이러스에 대한 반응에 있어 다른 장기 조직 세포와 큰 차이를 보이고 있었다.

와치먼 교수는 신종 바이러스와 인체 세포 간의 연

결 고리가 되는 스파이크 단백질과 ACE2 수용체가 태반 표면 돌기 모양의 합포체성영양세포막층syncytiotrophoblast layer에 집중적으로 위치해 있음을 발견했다. 합포체성영양세포막층은 태반 융모의 표면을 뒤덮고 있는 영양막상피 외층의 세포층으로 산모와 태아 간의 교류 통로가 되는 곳이다. 연구팀은 이 부위에서 코로나19에 대한 태반의 강력한 면역 기능이 작동하고 있다고 판단했다. 이런 결과는 태반 세포조직을 활용한 치료제 개발의 가능성을 열어준다.

또한 모유를 통해서는 코로나19에 감염되지 않는다는 것도 밝혀졌다. 이탈리아의 엔리코 베르티노Enrico Bertino 교수는 코로나19에 감염된 산모가 개인 방역 지침을 준수한다면 모유를 수유해도 신생아에게 바이러스가 전파되지 않는다고 발표했다.

세계보건기구 역시 모유 수유를 통한 코로나19 감염 위험성이 크지 않다며 코로나19 상황에서도 모유 수유를 권장했다. 모유에서 살아 있는 코로나19 바이러스를 발견하지 못했을 뿐더러 모유 수유의 이점이 코로나19 전염의 잠재적 위험보다 크다는 결론이다.

── 코로나19에 취약한 사람들

나이가 많을수록 코로나19에 취약하다. 감염 치사율IFR, Infection Fatality Ratio은 감염자 100명당 사망자 수를 뜻하는데 각국의 통계 작성 방법에 따라 차이가 있지만 대체로 15~44세 사이의 IFR은 0에 가깝고 65~74세는 3.1퍼센트, 75세 이상 노인은 11.6퍼센트로 급증했다. 특히 80세 이상 여성은 4.6~6.5퍼센트인 데 비해 80세 이상 남성은 11.6~16.4퍼센트였다.

일부 젊은이는 자신은 젊기 때문에 코로나19에 걸려도 상관없다며 방역에 소홀한 모습을 보이기도 한다. 하지만 자신은 코로나19를 이겨내더라도 타인에게 병을 옮길 수 있다. 또한 병을 이겨낸다 하더라도 여러 가지 후유증이 남는다.

코로나19는 폐렴의 일종이다. 인간의 장기 중 폐는 재생이 되지 않는다. 그러므로 코로나19가 완치된다 해도 폐렴에 의한 후유증이 무기한일 수 있다. 폐 기능이 저하되면 호흡곤란으로 등산, 수영, 달리기, 자전거 등 무리한 유산소 운동은 예전처럼 하기 힘들어진다. 또한 폐의 기능이 약해지면 뇌에 전달되는 산소의 양도 줄어든다. 이런 경우 집중력·판단력·기억력 등이 떨어지는데 이를 브레인 포그brain fog 증상이라고 한다.

산소 부족으로 뇌가 손상을 입으면 미각·후각·시각·청각·촉각에도 문제가 생길 수 있다. 또한 발기부전의 우려가 있으며 당뇨병·만성피로·고지혈증이 생긴다는 말도 있다.

영국의 일간지 『더선』은 코로나 완치자 1,500명을 대상으로 한 설문 결과 완치된 환자 4분의 1에게서 탈모가 나타났다고 발표했다. 『더선』은 할리우드 배우 알리사 밀라노가 완치 후 겪은 탈모 현상을 공개하기도 했다.

코로나19가 위험한 것은 증상이 나타나 병원에 갔을 때는 이미 폐에 심각한 손상을 입은 뒤일 수 있기 때문이다. 그래서 학자들은 무증상일 때 진찰을 받아 치료를 시작해야 후유증을 줄일 수 있다고 말한다.

젊은 사람에 비해 나이든 사람이 코로나19에 취약한

것에 대해, 학자들은 오케스트라에서 악기들이 조화를 이루지 못하면 불협화음이 발생하는 것을 예로 들어 설명했다. 오케스트라의 불협화음과 비슷한 현상이 코로나19를 앓는 고령 환자의 면역 체계에서 발생한다는 것이다.

미국 라호이아 면역 연구소는 코로나19 환자를 대상으로 면역반응과 병세의 상관관계를 비교·분석했다. 65세 이상 고령자들에게 코로나바이러스가 침투할 경우, 면역 체계가 혼란에 빠져 정상적인 대응을 하지 못했다.

신종 바이러스가 몸에 들어오면 바이러스 침투를 감시하는 선천적 방어 세포들이 즉각적으로 반응한다. 이 세포들은 사이토카인cytokines이라 불리는 화학 신호 전달 물질을 분비해 다른 세포에 긴급 상황을 알린다. 코로나19에 걸릴 경우에는 이를 유발하는 신종 바이러스를 대상으로 세 가지 무기를 만든다. 첫째는 항체로, 항체는 바이러스에 밀착해 감염 능력을 없앤다. 둘째는 킬러 T세포다. 항체가 소멸하면 킬러 T세포가 죽은 항체를 대신해 전투를 벌인다. 셋째는 헬퍼 T세포로 B세포 등과 협력해 더 많은 항체를 생성한다. B세포는 외부에서 침입한 항원에 대항

해 항체를 만들어낸다. 또한 항원제시세포로 기능하고 사이토카인도 분비한다.

셰인 크로티Shane Crotty 박사는 이 과정에서 어떤 일이 일어나는지를 규명하기 위해 20~86세 코로나19 환자 24명, 코로나19에서 회복된 사람 26명, 바이러스에 감염된 적이 없는 사람 65명의 혈액을 채취해 비교·분석했다.

65세 이상의 고령자는 65세 미만 환자보다 항체 농도가 높지만 항원·항체 반응은 미약했고 항체를 생성하고 지원하는 T세포의 수가 65세 미만 환자에 비해 현저히 적었다. 65세 이상 고령 환자는 항체 기능이 약화된 상태에서 T세포의 농도가 낮아 정상적인 면역 기능이 작동하지 않는다는 의미다. 코로나19에 감염된 경우 신종 바이러스를 중화하는 과정에서 항체보다 항체를 지원하는 T세포가 중요한 역할을 수행하는데 T세포가 제 역할을 못 했다는 뜻이다. 인간 면역 체계의 핵심을 이루는 T세포의 활동은 나이가 들면서 적어지기 마련이다. T세포 수가 적으면 바이러스가 침투했을 때 정상적인 협력이 이루어지지 않는다.

그리고 여기서 사이토카인 폭풍cytokines storm이 문제가 된다. 사이토카인 폭풍이란 바이러스가 침투했을 때 인체의 면역 체계가 과도하게 반응하며 정상 세포까지 공격하는 현상이다. 크로티 박사는 "65세 이상 환자의 경우 선천적 면역, 후천적 면역 기능 모두에서 T세포의 결함이 발견되었다. 이로 인해 신종 바이러스가 침투할 경우 사이토카인 폭풍과 같은 잘못된 반응을 일으키고 있다"고 설명했다.

예일대학의 이와사키 아키코岩崎明子 교수는 코로나19 확진자 중 평균 60세 환자를 분석한 결과 여성의 T세포가 더 활성화되었다는 사실을 발견했다. 남성의 T세포 면역 반응은 비교적 약했다. 그런데 남성이 사이토카인을 더 많이 생성했다. 때문에 사이토카인 폭풍을 유발할 가능성이 높아진다.

비만도 코로나19 증세를 악화시킨다. 현재까지 발표된 연구에 의하면 고도비만이 아닌 과체중인 경우에도 코로나19 증세를 악화시킬 수 있다고 한다.

버몬트대학의 앤 딕슨Anne Dixon 교수가 39만 9,000

명의 환자를 대상으로 분석한 결과 비만인 사람이 코로나19로 인해 입원할 확률이 정상인보다 13퍼센트 높았다. 중환자실에 입원할 확률은 74퍼센트, 사망 확률은 48퍼센트 높았다. 딕슨 교수는 비만이 면역력을 저하시키고 만성 염증과 혈액 응고 등을 유발해 코로나19를 악화시킨다고 했다.

미국의 경우 1만 7,000명의 코로나19 환진자 중 과체중은 29퍼센트, 비만은 48퍼센트인 것으로 나타났다. 코로나19에 대처하기 위해서라도 비만에 신경 써야 한다는 것이다.

3 위생과 방역

—— 인류를 구한 아이디어

코로나19가 걷잡을 수 없이 확산되자 이에 대응하는 방안
으로 손 씻기, 마스크 착용, 악수 자제가 제시되었다. 이것
만으로 정말 코로나19 같은 악성 바이러스에 대처할 수
있겠느냐는 의심도 있었지만, 백신과 치료제가 없는 상황
에서 손 씻기와 마스크 착용은 가장 효과적인 대처 방식
으로 판명되었다.

그런데 이런 사실을 인류가 알게 된 것은 그다지 오
래되지 않았다. 2018년 한국인의 평균수명은 82.7세다. 청
동기시대인 4,000년 전 사람의 평균수명은 약 18세였다고

하고, 2,000년 전인 1세기경 로마제국 남성의 평균수명은 약 22세였다. 1~2세기 전만 해도 평균수명은 30~40세였는데, 그 두 배로 늘어나는 데 불과 100년이 안 걸렸다. 우리나라도 1900년대 평균수명은 20대 중반, 1930년대 평균수명은 30대 중반이라고 알려져 있다. 당시 환갑잔치를 거창하게 벌인 이유다.

인간의 수명이 획기적으로 증가한 배경에는 여러 이유가 있지만, 그중 하나로 소독을 꼽을 수 있다. 이그나즈 필리프 제멜바이스 Ignaz Philipp Semmelweiss는 소독의 중요성을 알린 선구자로 꼽힌다.

약 2만 5,000년 전 구석기시대의 두개골에서 예리한 부싯돌로 구멍을 뚫은 것으로 보이는 외과적 수술의 흔적이 발견된 것을 보면, 수술은 아주 오래전부터 행해졌다는 것을 알 수 있다. 이 두개골의 주인은 수술 후에도 오랫동안 생존했다고 한다. 수술의 역사는 오래되었지만 마취와 소독의 발전은 더뎠기 때문에 수술 후 경과가 좋지 못한 경우가 비일비재했다.

많은 이가 수술 후 회복하지 못하고 패혈증으로 사망

했다. 제대로 소독하지 않고 수술하던 시절 수술 받은 사람의 거의 70퍼센트가 패혈증으로 사망했다는 설도 있다.

멸균이나 소독에 대한 과학적인 이해는 없어도 경험으로 확립된 개념은 고대부터 있었다. 이집트인들은 미라 제작에 다양한 소독·살균 방법을 동원했고, 상처를 불로 지지기도 했다. 고대 그리스인과 로마인들은 포도주를 소독제로 사용했다. 히포크라테스Hippocrates도 상처를 포도주와 식초로 소독했다고 한다.

한편 그리스에서는 시체가 썩을 때 나는 악취를 막기 위해 유황 연기를 이용했으며 인도에서도 수술실에서 유황 연기를 피웠다. 흑사병이 창궐했던 중세 유럽에서도 환자가 머물던 집이나 사용하던 물건을 유황 연기로 소독했다.

프랑스의 외과 의사 앙브루아즈 파레Ambroise Paré는 1537년 계란 노른자와 테레빈유를 혼합해 총상을 치료했다. 계란 노른자에는 항미생물 역할을 하는 라이소자임lysozyme이 들어 있고 테레빈유는 화학적 소각 작용을 한다.

의료 소독 분야의 선구자로 일컬어지는 제멜바이스는 1818년 헝가리 부다페스트에서 태어났다. 오스트리아

빈에서 의학을 공부하고 빈 종합병원의 산부인과에서 근무했다. 제멜바이스가 일하던 병원에는 두 개의 병동에 각각 분만실이 있었는데, 제1병동에서는 교육받은 의사와 의대생이 근무하면서 아이를 받았고 제2병동에서는 교육을 별로 받지 못한 산파가 아이를 받았다. 그런데 제1병동보다 제2병동의 사망률이 훨씬 낮았다.

제멜바이스는 그 상황을 분석하던 중 선배 의사인 야코프 콜레츠카Jakob Kolletschka가 시신을 부검하던 중 실수로 입은 작은 상처 때문에 감염으로 사망한 것을 알게 되었다. 제멜바이스는 환자의 몸에서 나온 미지의 물질이 상처를 통해 콜레츠카의 몸속으로 들어갔고 그것의 독성으로 사망했다고 유추했다.

제멜바이스는 그렇다면 산욕열은 의사에게서 산모에게 독성이 전염된 것일 수 있다고 보았다. 병원에 도착하기 전에 출산한 여성은 산욕열 발생률이 매우 낮다는 사실이 이를 뒷받침해주었다. 제멜바이스는 제1병동의 의사들이 시체를 만지거나 감염성 질환이 있는 환자들이 사용한 기구를 다루다가 아무런 조치 없이 분만실로 들어간다는 사실을 발견했다. 제멜바이스는 제1병실의 분만실에 근무하는 의사들에게 염화칼슘액으로 손을 씻게 했다. 소독이 이루어지자 제1병동 산욕열 사망자는 제2병동보다 적어졌다.

제멜바이스의 업적은 놀라운 것이었으나, 그는 인정받지 못했고 정치에 관심을 기울이다가 오스트리아에서 추방당했다. 1861년 무균 처리가 산욕열로 인한 사망률을 감소시킨다는 『산욕열의 원인, 개념과 예방』이란 책을 발간했으나 태도 등을 이유로 의학계에서 그의 주장은 받아들여지지 않았다. 제멜바이스는 결국 1865년 정신병 환자 수용소에 끌려가 패혈증으로 사망했다.

—— 마취와 소독

제멜바이스가 위대한 업적에도 불구하고 인정받지 못하고 비극적인 개인사를 겪는 동안 의학사에서 빠뜨릴 수 없는 또 한명의 인물이 등장했다. 바로 영국의 조지프 리스터Joseph Lister다. 1846년 스코틀랜드의 외과의 로버트 리스턴Robert Liston은 유니버시티 칼리지에서 에테르를 사용한 허벅지 절단 시술을 선보였다. 당시는 수술할 때 마취를 하지 않았기 때문에 에테르를 사용한 마취는 일대 혁신이었다. 그런데 리스턴 역시 세탁하지 않은 불결한 상의와 앞치마 차림으로 수술에 임했다. 리스터는 마취제를 사용한 수술은 대성공이었으나 공개적인 수술이었는데도 수술실 상태는 비위생적이었다며, 그런 환경에서 수술을 받으면 수술보다도 세균 감염으로 상태가 악화될 것이라고 했다. 실제로 당시는 성공적인 수술을 받아도 수술 후 패혈증으로 사망하는 사람이 세 명에 한 명 꼴이었다.

소독제의 개발과 활용은 전쟁터에서도 이루어졌다. 당시에는 의사들이 손과 수술 도구 등을 물로만 씻고 소독은 하지 않는 데다 수술 장갑 없이 맨손으로 푸줏간에서 쓸 법한 앞치마를 두르고 수술을 했다. 그래서 전쟁터에서 부상을 입어 죽은 사람보다 의료 캠프에서 세균에 감염되어 사망하는 사람이 많았다.

1863년 외과의 미들턴 골드스미스Middleton Goldsmith는 괴저 환자에게 브롬액을 바르자 피부 조직이 더 썩어 들어가지 않는 것을 발견했다. 골드스미스는 계속해서 브롬액으로 환자를 치료했고, 304명 중 단 8명만 사망하는 성과를 냈다.

리스터는 발효와 식품 부패의 원인은 세균이라는 루이 파스퇴르Louis Pasteur의 논문을 읽고 수술에 의한 감염도 같은 원인으로 일어난다고 생각해 소독제에 관심을 기울였다. 리스터는 당시 하수구 정화용으로 사용하던 석탄산을 방부제로 선택했다.

리스터는 1865년 8월 복합 골절 환자의 환부를 석탄산으로 소독하고 다리에 부목을 대어 붕대로 감았다. 4일 후 붕대를 풀어보니 화농의 기미는 전혀 없었다. 그 후 방부제를 계속 도포하자 환부는 아물기 시작했고 골절을 당한 지 6주가 되자 환자는 완쾌되어 걸어서 퇴원했다.

인간의 피부는 매우 단단한 보호 장벽이므로 세균을 직접 피부에 발라도 대부분은 병에 걸리지 않는다. 세균이 피부 장벽을 넘어 인체 안으로 들어가는 것이 간단하지 않기 때문이다. 그러나 상처가 나면 이야기가 달라진다. 상처로 피부에 틈이 벌어지면 그 사이로 세균이 얼마든지 침입할 수 있다. 이때 중요한 것은 상처의 크기보다 상처에 닿은 것에 묻어 있는 균이다.

리스터는 환부에 직접 닿는 물건을 소독해 가능한 상처를 깨끗하고 안전하게 유지하는 것이 중요하다고 강조했다. 현대 병원에서는 이를 위해 두 가지를 병행한다. 소독과 멸균이다.

소독disinfection은 살아 있는 미생물을 제거하는 물리화학적 절차이며 멸균sterilization은 살아 있는 미생물뿐 아니라 포자까지 제거하는 보다 적극적인 방식이다. 예를 들어 주사 맞기 전에 알코올 솜으로 피부를 닦는 것은 소독이며 수술용 메스를 고온·고압기에 넣고 끓이는 것은 멸균이다. 보통 피부 소독에는 75퍼센트 알코올이나 10퍼센트 포비돈-아이오딘 용액을 이용한다. 알코올은 미생물의 단백질을 변성시키고 포비돈-아이오딘 용액은 미생물의 단백질뿐만 아니라 DNA 구조까지 무너뜨린다.

리스터의 청결 치료법은 놀라운 결과를 보였다. 절단 수술로 인한 사망률이 50퍼센트에서 15퍼센트로 급감했다. 의사들이 백색 가운을 입게 된 것도 그의 공이다. 청결 운동의 일환으로 오염이 바로 눈에 띄는 백색 가운을 입게

한 것이다. 환부를 거즈로 감싸기 시작한 것도 리스터다.

리스터의 방부 치료를 최초로 인정한 국가는 독일로 1870~1871년 프로이센-프랑스 전쟁 때 독일의 외과 의사들이 방부 치료법을 사용했다. 리스터는 1871년 9월 빅토리아 여왕의 겨드랑이에 난 종기를 절개하는 데 성공함으로써 영국 왕실의 공식적인 인정을 받았다. 리스터는 1897년 남작이 되었고 1902년에는 그 해에 제정된 메리트 훈위를 수여받은 12명 중 하나가 되었다. 그는 여왕을 수술한 데 자부심이 있어서 "나는 여왕의 몸에 칼을 댄 유일한 사람이다"라고 말하기도 했다.

20세기 초 영국과 독일에서 개발된 무균 치료법은 박테리아를 소독하는 살균법과 달리 완전한 무균 상태에서 치료하는 것이다. 우선 수술 전에 환자의 절개 부위를 소독하고 나머지 신체는 살균한 타월과 시트로 감싼다. 수술진은 소독한 가운, 장갑, 마스크를 착용하고 수술에 사용하는 모든 기자재는 화학적인 방법이나 열로 살균 처리한다. 오늘날 병원에서 사용하는 방법이 바로 이것이다.

—— 빨간약의 시작

1919년 존스홉킨스 병원 비뇨기과 의사인 휴 H. 영Hugh H. Young은 머큐로크롬 2퍼센트를 녹인 용액이 담긴 시험관에서 여러 종류의 세균이 죽는 것을 발견했다. 머큐로크롬은 처음에는 정맥주사로 신장염과 방광염 치료에 사용되었지만 점차 소독약으로 사용되었다.

머큐로크롬은 쉽게 구할 수 있는 약이 되어 사람들은 가벼운 상처를 입으면 병원에 가는 대신 집에서 머큐로크롬으로 소독했다. 한국도 예외가 아니어 일제강점기부터 살갗이 벗겨지거나 칼에 베였을 때는 물론 배가 아플 때도 빨간약을 바르면 낫는다고 믿었다. 그러나 1998년 미국 FDA는 머큐로크롬에 포함된 수은의 안전성 문제를 지적했고, 한국을 비롯한 상당 국가에서 퇴출되었다.

현재 세계에서 가장 많이 사용하는 소독약은 과산화수소, 알코올, 염소 계열 소독제, 포비돈-아이오딘이다. 포비돈-아이오딘은 살균 효과가 뛰어나며 바를 때 아프지 않고 부작용도 적어 머큐로크롬을 대체해 가장 널리 사용되고 있다.

1829년 프랑스 의사 장 루골Jean Lugol이 물에 아이오 딘과 칼륨을 섞어 루골 용액을 만들어 남북전쟁 때 사용 했다. 1882년 아이오딘이 세균을 죽인다는 사실이 밝혀지 자 1908년에는 알코올에 아이오딘을 녹인 아이오딘팅크 가 개발되어 소독제로 사용되었다. 그러나 루골 용액과 아 이오딘팅크는 상처에 바르면 아프고 따가우며 피부에 착 색되곤 했다. 이런 단점을 극복하기 위해 개발된 것이 아 이오딘과 폴리비닐피롤리돈을 결합한 포비돈-아이오딘 이다. 아이오딘이 천천히 분해되기 때문에 피부나 점막에 자극이 적으며 피부에 착색되지도 않는다. 포비돈-아이 오딘을 빨간약이라고 부르기도 하는데, 실제 색깔은 갈색 이며 베타딘이라는 상표로도 잘 알려져 있다.

포비돈-아이오딘은 박테리아, 곰팡이, 바이러스를 죽이는 살균 작용이 뛰어나며, 아직 내성이 있는 세균이 발견되지 않았다고 한다. 이를 기반으로 소독제의 조건은 다음과 같이 정리할 수 있다. "소독제는 다양한 병원성 세 균과 바이러스를 빠르게 죽이는 반면 사람에게 해가 없어 야 하며 물에 잘 녹아야 한다."

COVID - 19

 4 비대면

PANDEMIC

—— 비대면 시대와 이커머스

코로나19가 확산되자 가장 강조된 것이 마스크 쓰기, 손 씻기, 비대면이다. 개인 방역을 철저히 하고 사람끼리 만나지 않으면 코로나19 전염 확률이 줄어들기 때문이다.

확산세를 감당하지 못한 많은 나라가 록다운lockdown을 선언하고 이동을 제한하거나 도시를 봉쇄하는 조치를 취했다. 한국도 '사회적 거리 두기'를 단계를 두고 시행했다. 여러 사람이 모이는 것을 금지하고 감염 위험이 높은 시설에는 집합을 금지했으며 음식점의 영업 시간을 제한하기도 했다. 외출 자제 권고와 함께 이용할 수 없는 시설이 늘어나고, 대면으로 처리했던 일들을 할 수 없게 되자 일상생활에 큰 변화가 일어났다.

비대면 즉, 언택트untact는 코로나19 때문에 갑자기 등장한 것은 아니다. 4차 산업혁명이 출발하기 전에도 이미 세계 거의 전 지역에서 활용되던 기술로, 코로나19로 가속화되었을 뿐이다.

아마도 가장 친숙한 언택트는 인터넷(동영상) 강의와 온라인·모바일 쇼핑 등 이커머스e-commerce일 것이다. 정보 통신 기술ICT의 발전으로 사람들은 타인과 직접 만나기보다는 혼자 기기의 표시(디스플레이 등)를 통해 일을 해결하는 데 익숙해졌다. 대표적인 것이 키오스크의 확산이다. 코로나19 이후 많은 매장에서 키오스크를 통해 무인 주문을 받고 있다.

언택트는 가상현실VR과 증강현실AR 기술로도 연결된다. 예를 들어, 옷은 사이즈와 피팅이 중요한데 가상현실이나 증강현실을 이용하면 직접 입어보지 않고도 제품이 나에게 잘 맞는지 확인할 수 있다. 화장품도 마찬가지다.

이커머스가 과거의 전화 주문과 다른 것은 정보·통

신 신 기술을 이용한다는 것이다. 통신판매라고도 부르던 카탈로그 쇼핑도 하나의 이커머스이며 TV 홈쇼핑도 이커머스의 하나로 간주한다.

판매자가 인터넷 사이트에 판매할 상품의 정보를 올리면 구매자는 자유롭게 자신이 원하는 물건을 구매할 수 있다. 때문에 제한이 없다는 의미에서 이커머스를 '오픈 마켓'이라고 설명하기도 한다.

이커머스의 장점이자 단점은 대체로 판매 금액의 10~15퍼센트에 해당하는 수수료를 지불해야 한다는 것이다. 이는 이커머스가 새로운 시장을 열어주었다는 의미도 된다. 소비자는 같은 제품이라면 저렴하게 사고 싶어 하므로 가장 가격이 싼 곳을 찾아 나선다. 이를 위해 가격 비교 사이트들이 등장했고, 오픈 마켓 측에서는 고객의 충성도를 높이기 위해 쿠폰 발급 등 다양한 방법을 동원한다. 때로는 이런 대처가 오히려 수익성을 악화하기도 했다. 쿠팡은 쇼핑의 편리함, 무료 배송과 빠른 배송으로 차별화를 이루었다.

—— 비대면 금융과 마이데이터

배달과 함께 이커머스에서 중요한 것은 비대면 결제다. 이역시 금융 분야에 새로운 시장을 열었다. 하지만 비대면 금융의 아이디어는 훨씬 예전부터 존재했다. 1994년 개봉한영화 〈쇼생크 탈출〉에서 주인공 앤디는 교도소에서 은행계좌를 여러 개 개설해 교도소 소장의 돈을 관리해준다. 그는 10여 년 동안 단 한 번도 교도소를 나가 은행을 방문한적이 없다. 이는 근래 한국에서도 진행되고 있는 비대면 은행 업무와 다름없다. 현재의 언택트가 코로나19로 갑자기등장한 것이 아니라 과거부터 존재해왔다는 것이다.

코로나19 이전에도 금융 회사는 VIP 고객은 대면으로, 소액 거래나 일반 업무 고객은 비대면으로 유도해왔다. 이런 형태가 금융 회사 입장에서 편리하고 비용도 덜들기 때문이다. 여기에 코로나19에 의한 사회적 거리 두기라는 외적 요인이 가세되자 비대면 채널의 정착이 더욱가속화되고 있는 것이다.

과거에는 대출을 받으려면 은행을 여러 차례 방문해서류를 작성하고 심사도 받아야 했다. 그러나 지금은 은행이 먼저 해당 기업과 관련된 산업, 업황 정보와 기업 재무 정보를 수집한 후 기업의 신용 등급, 대출 기간, 담보와 부실 패턴을 빅데이터로 분석하기 때문에 직접 방문해 얼굴을 마주하지 않아도 된다.

학자들은 증권사는 앞으로 거의 비대면 서비스로 바꿀 것이라고 예상한다. 현재도 유가증권시장 거래 중 82퍼센트, 코스닥 시장의 90퍼센트에 해당하는 거래가 비대면으로 이루어지고 있다.

특히 현재는 신용카드를 기반으로 하는 전자 결제가 전체 결제 시장의 80퍼센트를 차지하고 있지만, 온라인 거래가 더 커질 경우 여러 가지 결제 수단이 등장하며 이에 병행해 마이데이터 사업이 활발해질 것으로 추정한다.

마이데이터 사업이란 개인이 자신의 정보를 관리·통제하는 것은 물론 이 정보를 신용이나 자산 관리 등에 활용하는 것을 말한다. 현재 마이데이터 사업은 개인 신용 정보 통합 조회 서비스 수준에 머물고 있지만 앞으로는 카드, 대출 같은 은행거래나 보험·증권 등 금융 신용 정보를 종합적으로 모아 맞춤형 금융 서비스를 제공하는 형태로 발전할 것이다.

──── 일자리 감소 문제

4차 산업혁명과 코로나19로 촉발된 비대면의 활성화로 생산, 판매, 마케팅 등 전 분야에서 사람을 대체할 기술이 일상화되면서 발생한 가장 큰 문제는 일자리 감소다. 코로나19가 종식되더라도 비대면이 정착된 뒤에는 사람의 일자리가 사라질 수도 있다. 따라서 앞으로 변할 미래를 사전에 숙지하고 이에 대응할 기술을 갖추어야 한다.

앞으로 비대면 서비스와 관련된 기술이 집약적이고 폭발적으로 발전할 것이다. 언택트 기술을 활용하면 소비자와 관리자 간의 감정 대립과 폭행 등의 문제를 방지하고, 인건비도 줄일 수 있다. 특히 전염병 확산 등 위생 문제도 줄일 수 있으므로 미래 사회를 주도할 것으로 추정한다.

코로나19로 많은 나라가 비대면의 일환으로 재택근무를 실시했다. 재택근무가 방역에 도움이 된다는 것은 여러 연구로 증명되었다. 시브 세흐라Shiv Sehra 하버드대학

교수는 미국 전역의 휴대전화 데이터와 감염률 간의 관계를 분석했다. 분석 결과 직장에서의 활동량이 적을수록 코로나19 감염률이 낮아졌다. 직장에서 신호가 많이 잡힌 상위 25퍼센트 지역은 하위 25퍼센트 지역보다 15일 후 코로나19 환자 수가 30퍼센트 많았다. 반면 주거지에서 신호가 많이 잡힌 지역은 그렇지 않은 지역에 비해 환자 증가율이 19퍼센트포인트 낮았다.

이와 비슷한 연구가 국내에서도 이루어졌다. 코로나19가 언젠가 잠잠해진다고 하더라도, 재택근무를 포함한 비대면 소통은 확산될 것이 분명하다. 4차 산업혁명으로 사회 각 부분에서 비대면이 가속되던 상황에서 코로나19는 이를 부채질해서 지금 상황에 이르게 되었다. 이 변화는 앞으로도 이어질 것이다.

POST CORONA ROADMAP

제2부

팬데믹과 4차 산업혁명

코로나19로 인한 팬데믹으로 수많은 사람이 사망하고 후유증으로 고통받고 있지만, 과거의 팬데믹과 마찬가지로 코로나19도 언젠가 퇴출될 것은 분명하다. 그러나 코로나19가 퇴출된다고 해도 우리의 미래는 그 이전에 생각했던 것과는 전혀 다를 것이 분명하다.

사회적 거리 두기와 자가 격리로 시작된 재택근무는 좀더 일상화될 것이다. 비대면 온라인 화상회의, 클라우드 컴퓨터를 이용한 업무와 자료 공유 등은 사무실이 아닌 곳에서도 업무를 원활하게 처리할 수 있게 해주었다. 노동 시간의 유연화와 공간적 제약의 극복이 코로나19로 인해 자리 잡히게 된 것이다. 학생들도 온라인으로 수업을 듣고 과제를 제출하는 것에 익숙해졌다.

예전에는 중요한 만남이 있으면 같이 식사를 하고 산책도 하면서 의견을 교환하는 것이 보통이었다. 하지만 지금은 이 모든 것이 불가능하다. 비대면을 의견을 교환하고 축적된 정보로만 판단해야 한다. 거의 모든 세일즈와 상담은 비대면으로 전환되었다. 매장에서도 사전 예약 손님만 입장시킨다든지, 손님이 입어본 옷은 2~3일간 다시 매대에 올려놓지 않는다는 등 이전과는 다르게 대응하고 있다.

그런데 변화의 속도를 제외한다면 이런 변화는 낯선 것이 아니다. 4차 산업혁명이 대두되면서 익숙해져온 것이기 때문이다. 큰 틀에서 과학기술은 비대면을 목표로 발달해왔다. 인공지능AI은 비대면을 효율적으로 이끌어온 대표적인 기술이다.

코로나19는 인공지능을 포함해 4차 산업혁명의 핵심 요소들이 보다 빠르게 진행될 계기를 만들어주었다. 포스트 팬데믹의 미래는 다음과 같이 예상할 수 있다.

4차 산업혁명의 핵심은 사물 인터넷, 소셜 미디어 등으로 인간의 모든 행위와 생각이 빅데이터의 형태로 저장되는 시대가 온다는 것이다.

4차 산업혁명은 포스트 팬데믹 시대에 더욱 두각을 드러낼 것이지만, 4차 산업혁명이라는 거대한 바다를 설명한다는 것은 간단한 일이 아니다. 하지만 이러한 바다에도 핵심 요소는 있기 마련이다. 바다에는 물과 소금이 있

는 것처럼 4차 산업혁명도 큰 틀을 움직이는 요소들이 있
다. 전문가에 따라 의견이 일치하지는 않겠지만 이 책에서
는 많은 4차 산업혁명의 요소 중 핵심이라 생각하는 사물
인터넷과 인공지능, 미래 교통과 로봇에 대해서만 설명하
려 한다.

COVID - 19

1 사물 인터넷

PANDEMIC

—— 4차 산업혁명의 핵심

4차 산업혁명의 핵심은 여러 가지지만 4차 산업혁명을 가장 큰 틀에서 아우를 수 있는 것은 사물 인터넷이다. 사물 인터넷에 대한 정의는 학자에 따라 차이가 있는데 2014년 미래창조과학부에서 정의한 사물 인터넷의 개념은 다음과 같다.

사물 인터넷은 사람·사물·공간·데이터 등 모든 것이 인터넷으로 서로 연결되어 정보가 생성·수집·공유·활용되는 초연결 인터넷으로, 기본적으로 모든 사물을 인터넷으로 연결하는 것을 의미한다.

사물 인터넷IoT, Internet of Things은 단어의 뜻 그대로 '사물들things'이 '서로 연결된internet' 것 혹은 '사물들로 구성된 인터넷'을 말한다.

많은 학자가 미래의 기본은 실시간으로 엄청나게 생성되는 빅데이터를 효율적으로 활용하는 데 있다고 이야기한다. 그런데 어떻게 빅데이터를 활용할 수 있을까? 인간이 접할 수 있는 모든 사물에 센서를 부착해 실시간으로 데이터를 주고받는 기술이나 환경을 만들면 된다.

10여 년 전에는 유비쿼터스 시대가 올 것이라고 했으나, 이 말은 사물 인터넷으로 대체되었다. 유비쿼터스가 표방했던 모든 사물의 인터넷화에 난점이 드러났기 때문이다. 유비쿼터스의 핵심은 센서와 개체 식별 데이터 등의 데이터 중심의 무선주파수 식별용 전자 태그 RFIDRadio Frequency IDentification다.

RFID는 배터리 등 전력 공급원이 있는 능동적인 태그와 전력을 필요로 하지 않는 수동 태그로 나뉜다. 두 종류 모두 RFID 리더를 통해 데이터를 수집한다. RFID 태그의 종류에 따라 반복적으로 데이터를 기록하는 것도 가능하며, 물리적인 손상이 없는 한 반영구적으로 이용할 수 있다. RFID는 현재 유통 경로, 재고관리, 교통카드, 지불 결제, 출입 통제, 도시 관리, 차량·선박의 위치 추적 등 다양한 분야에서 활용된다.

교통 카드는 대표적인 RFID 태그 중 하나이며, 고속도로의 하이패스도 RFID 기술을 이용한다. 도서관에서 빌려주는 책이나 매장에서 판매하는 옷, 와인 등에도 RFID 태그가 부착되어 있다. 농산물 이력 관리나 약품 관리 등에도 위·변조를 방지하기 위한 목적으로 이용되며 반려견에 실종을 대비해 부착하기도 한다. 이렇게 인간을 둘러싼 모든 사물에 전자 태그를 부착한다는 것이 유비쿼터스의 기본 개념이다.

그러나 RFID는 사용에 제한이 많다. 현재 기술로는 RFID의 인식 거리가 100미터 미만인데 보편성이 있으려면 적어도 500~1,000미터는 되어야 한다. 또한 아주 작은 물건에는 RFID를 부착할 수 없다. 히타치가 개발한 내부

안테나를 사용하는 극소형의 RFID 태그 뮤µ칩은 가로세로 0.4밀리미터에 두께는 0.03밀리미터에 이르지만, 실제로 사용될 가능성은 별로 높지 않다. 예를 들어 껌 한 통에 들어 있는 모든 껌에 초소형 RFID를 부착할 수 있겠지만, 그러면 껌보다 RFID 가격이 비쌀 것이기 때문이다. 껌 하나하나, 약 캡슐 하나하나마다 반도체 태그를 붙이는 것은 실용성은 물론 경제성도 담보되지 않는다. 효용성도 좋지만 경제성이 없다면 도태되기 마련이다.

그러므로 모든 사물에 RFID를 부착한다는 유비쿼터스는 곧 힘을 잃었고, 그보다는 실현 가능한 사물 인터넷에 사람들이 집중하기 시작했다.

—— 사물 인터넷으로 달라지는 세상

코로나19의 확산을 막기 위해서는 확진자의 동선 파악이 무엇보다 중요하다. 국내에서도 확진자가 자신의 동선을 거짓으로 말하거나 열이 나는 것을 숨겨서 문제가 되기도 했다. 만약 사물 인터넷이 더 발달한다면 도시 곳곳에 설치된 얼굴 인식과 감시용 버그intelligent surveillance bug 시스템 등이 확진자의 동선을 빠르고 정확하게 파악할 것이다. 이 시스템은 공항의 출입국 절차뿐 아니라 범죄자 검거 등에서 활용될 수 있다.

지금까지는 컴퓨터나 무선 인터넷이 가능한 휴대전화들이 연결되는 정도였다. 하지만 사물 인터넷이 확산되면 세상에 존재하는 모든 사물이 인터넷으로 연결될 수 있을 것이다. 사물 인터넷은 사람, 자동차, 교량, 전자 기기, 자전거, 안경, 시계, 옷, 문화재, 동식물 등 환경을 이루는 모든 물리적 객체부터 컴퓨터에 저장된 다양한 데이터베이스, 인간이 행동하는 패턴 등 가상의 모든 대상이 포함되는 매우 광범위한 개념이다.

물론 모바일 디바이스와 네트워크만으로 사물 인터넷이 구성되는 것은 아니다. 고속도로망을 구축하는 데는 단순히 도로와 표지판을 설치하는 것만으로 불충분하고 주유소, 카페, 숙소 같은 편의 시설이 필요하다. 사물 인터넷도 시스템, 소프트웨어, 각종 도구가 필요하다.

클라우드 컴퓨팅, 소셜 미디어, 빅데이터 등 다양한 테크놀로지의 교차점에서 각 테크놀로지가 서로에게 반영되어야 사물 인터넷은 비로소 큰 효과를 얻을 수 있다. 여러 가지 테크놀로지가 합쳐지면 궁극적으로 강력하고 폭넓은 교차점이 만들어진다. 그러므로 사물 인터넷은 단순히 디바이스가 서로 연결된다는 의미에 머무르지 않고 네트워크와 디바이스가 포용하는 생태계가 생성되는 것이라고 볼 수 있다.

예를 들어 침대와 실내등이 연결되었다고 가정할 때, 지금까지는 침대에 눕기 전에 실내등을 직접 꺼야 했다면 사물 인터넷 시대에는 침대가 사람이 자고 있는지 스스로 인지한 후 자동으로 실내등을 끌 것이다. 그렇게 하려면 침대나 실내등 같은 현실에 존재하는 사물들을 인터넷이라는 가상의 공간에 존재하는 것으로 만들어주어야 한다. 그리고 '사람이 잠들면 실내등을 끈다' 혹은 '사람이 깨어나면 실내등을 켠다'와 같은 설정을 해놓으면 되는 것이다.

지금까지는 인터넷에 연결된 기기들이 정보를 주고받으려면 인간의 '조작'이 개입되어야 했다. 그러나 사물 인터넷 시대는 기기들이 사람의 도움 없이 서로 알아서 정보를 주고받을 수 있게 될 것이다. 블루투스나 근거리 무선 통신NFC, 센서 데이터, 네트워크가 이들의 자율적인 소통을 돕는 기술이 된다.

사물 인터넷은 인간을 포함해 세상의 모든 사물을 연결하므로 공장이든 회사든 지금 머물고 있는 방 안이든 모든 정보가 수집된다. 그리고 이 정보들은 커넥티드 카, O2OOnlin to Offline, 헬스 케어, 스마트 팩토리로 연결된다. 김대영 교수는 '모든 길은 로마로 통한다'는 말이 있듯이 사물 인터넷은 모든 세상의 문을 두드리는데 그 방법은 '데이터의 오픈과 공유'라고 설명한다.

사물 인터넷은 코로나19 이전에도 이미 전 지구적으로 진행되고 있었다. 사물 인터넷은 인터넷이 인간 생활에 들어온 이래 시작되었으며, 곳곳에서 사물 인터넷의 개념을 볼 수 있다.

미국 디즈니랜드는 고객에게 손목에 매직 밴드를 차도록 권고한다. 매직 밴드를 착용하면 공원 곳곳에 설치된 센서가 정보를 수집해 고객에게 현재 위치가 어디인지, 어떤 놀이 기구의 줄이 가장 짧은지, 날씨는 어떤지 그때그때 상황에 맞는 정보를 알려준다. 고객은 매직 밴드로 식당에서 음식을 계산하고 호텔 방의 문을 열고 조명을 조절할 수 있다. 디즈니랜드는 모든 시설을 매직밴드 하나로 사용하도록 유도한다.

이런 손목 밴드는 피트니스 디바이스로도 널리 활용되고 있다. 과거에는 운동을 하면서 자신의 활동을 일일이 기억하고 기록해야 했지만, 지금은 밴드형 디바이스가 알아서 활동을 측정해 기록, 분석까지 해준다. 그뿐만 아니라 수면 패턴을 기록하고 주기적으로 클라우드에 데이터를 업로드한다. 이렇게 업로드된 정보는 클라우드에서 분석되어 사용자에게 전달된다.

손목 밴드에 내장된 소프트웨어는 트레드밀이나 실내 자전거 같은 운동기구와도 연동해 활용할 수 있으며, 운동 관리나 식단 조절 애플리케이션과도 데이터를 공유한다. 다른 사용자들과 운동의 성과도 비교할 수 있다. 사물 인터넷과 피트니스 디바이스의 발달로 개인이 전문가의 도움 없이도 스스로 운동이나 건강관리를 하는 것이 쉬워졌다.

MIT는 기숙사 화장실과 세탁실에 센서를 설치하고

인터넷에 연결했다. 학생들은 이를 통해 어떤 화장실이 지금 비어 있는지, 어떤 세탁기와 건조기가 사용 중인지 실시간으로 파악할 수 있다. 샌프란시스코는 네트워크 업체 시스코와 손잡고 사물 인터넷을 도입해 쓰레기의 이동 경로를 추적했다. 쓰레기에 센서를 부착해 쓰레기가 어디로 이동하고, 어떻게 사라지는지 추적·관리하고 있다.

사물 인터넷은 에너지 분야에서도 각광받고 있다. 비효율적인 에너지 사용을 크게 절감시킬 수 있기 때문이다. 미국은 건물에서 사용하는 전력이 전체의 4분의 3을 차지하는데, 그중 3분의 1이 낭비된다고 한다. 자연광이 충분한데도 전등이 켜져 있고 날씨가 덥지 않거나 실내에 사람이 없는데도 에어컨이 계속 돌아간다. 이렇게 에너지가 낭비되는 것은 건물을 신축할 때 온도 조절 장치와 조명 장치가 함께 설치되기 때문이다. 고정된 설비를 바꾸는 것은 간단한 일이 아니다. 하지만 내부 기반 시설에 네트워크 센서를 활용해 자동으로 조절한다면 쉽게 해결할 수 있다. 미국 학자 중에는 사물 인터넷이 능력을 발휘한다면 에너지의 60~70퍼센트를 절약할 수 있다고 주장하는 사람도 있다.

─── O2O

사물 인터넷은 O2O 서비스의 기반이다. 커피숍의 비컨 beacon(무선태그)은 고객이 매장에 들어오는 것을 파악해서 주문 받은 커피를 미리 준비한다. 서울 버스 정류장은 태그가 설치되어 있어 어느 버스가 지금 어디 있는지 실시간으로 알려주는데, 여기에 스마트 시티의 개념이 들어 있다.

사물 인터넷은 오프라인 사물에 센서를 부착하고 인터넷으로 연결해서 새로운 상업 공간을 만들어주는 것으로 설명할 수 있다. 코로나19의 비대면 요구가 이를 촉진시키고 있다.

아마존은 아마존고Amazon Go라는 마트를 운영 중이다. 아마존고 매장은 928~3,715제곱미터에 달하는데, 매장 직원은 3~6명에 불과하다. 4,000여 가지 물품의 재고 정리는 로봇 직원이 담당하며 계산원도 계산대도 필요 없다. 아마존고를 이용하는 방법은 간단하다. 우선 스마트폰으로 회원 인증한 후 매장에 들어간다. 물건을 골라 들고 매장을 나오면 끝이다. 자동 결제된 구입 내역은 스마트폰으로 확인할 수 있다. 매장 곳곳에 설치된 카메라가 고객이 물건을 손에 쥐는 모습을 포착하고, 센서와 딥 러닝을 활용해 어떤 물건인지, 가격이 얼마인지 파악해 컴퓨터가 계산한다.

스마트화 매장 덕분에 아마존고는 20퍼센트 이상의 영업 이익을 올릴 것으로 기대된다. 마트·식료품점의 평균 직원 수는 89명이지만 아마존고는 6명만 고용하면 된다. 더불어 아마존은 고객이 구입한 물건을 원하는 장소로 배송해주는 드론 택배 서비스도 도입했다. 세계 1위의 소매업체인 월마트도 고객이 스스로 결제하는 시스템을 확대했다. 일본에서는 로봇이 장바구니에 담긴 물건을 계산한 후 봉투에 담아주는 무인 편의점도 등장했다.

── 클라우드

코로나19의 등장으로 세계는 엄청난 변화를 겪고 있지만, 대부분은 4차 산업혁명이라는 기차가 출발한 이래 이루어진 변화의 연장으로 볼 수 있다. 대표적인 것이 클라우드 서비스다. 클라우드 서비스를 이용해 수많은 콘텐츠를 어디서나 쉽게 열어보고 활용할 수 있다. 코로나19 시대에 클라우드 서비스의 진가가 드러난 곳은 교육 현장이다.

비대면 수업이 일상화되면서 학생들은 온라인으로 자료를 읽고 인터넷으로 강의를 들으며 원격으로 시험을 본다. 교사는 수업 내용을 클라우드 서비스에 올려 공유하고 학습 내용을 평가한다. 원격 교육은 학생의 선택 폭을 넓혀준다. 원하는 교과목을 자유롭게 선택할 수 있을 뿐만 아니라 개인의 능력과 진도에 따라 맞춤 학습이 가능하다. 얼굴을 마주하지 않고도 일대일 교육이 가능하다.

클라우드 서비스의 가장 큰 장점은 끊김 없는 심리스seamless한 확장성이다. 인터넷에 접속할 수 있으면 어디서든 동일한 수업을 들을 수 있다. 서배스천 스런Sebastian Thrun 스탠퍼드대학 교수가 개설한 인공지능 개방형 온라인 강의 MOOC는 세계 각지에서 16만 명이 수강해 '세계 최대의 강의실'이라 불리기도 했다.

비대면 온라인 교육은 코로나19로 반강제적으로 시행되고 있지만, 이미 전 세계 많은 교육기관에서 시행되고 있던 것이다. 주목해야 할 것은 전 세계를 아우르는 클라우드 서비스가 가능해진 것은 딥러닝 등 고유 시스템이 기존의 접근법과 다른 관점으로 운용된다는 것이다. 딥러닝 연구의 돌파구를 연 제프리 힌턴Geoffrey Hinton 교수 등 학계 리더들이 오픈 소스와 개방을 통한 기술 발전이라는 신념을 공유하면서 값진 연구 성과를 공개하는 데 앞장섰다.

현재 글로벌 클라우드 빅 3 업체인 아마존 웹 서비스AWS, 마이크로소프트, 구글은 경쟁적으로 인공지능 기능을 제공하고 있다. 클라우드가 인공지능 구현에 필수적인 머신 러닝 툴을 이용할 수는 플랫폼이 되었기 때문이다. 이 업체들은 누구나 쉽게 머신 러닝 기술을 자신의 애플리케이션에 적용할 수 있도록 지원한다. 예를 들어 아마존 웹 서비스를 이용하면, 아마존 에코에 적용된 인공지능 음성인식 APIApplication Programming Interface를 가져다 자신의 애플리케이션에 적용할 수 있다.

아마존 웹 서비스는 이미지 인식, 문자-음성 전환, 자연어 인식 등 3개 머신 러닝 API를 제공한다. 이 기능을 이용하면 사진 속 객체를 실시간으로 분석할 수 있다. 얼굴 인식도 가능하다. 아마존 폴리는 글을 말로 바꾸어주는 기능을 제공한다. 글이 입력되면 mp3 파일로 만들어 재생해준다. 폴리는 24개 언어를 구사할 수 있다. 또 47개의 다른 목소리로 표현할 수 있다. 아마존 렉스는 자동 음성인식과 자연어 인식 기능을 제공한다. 렉스를 이용하면 아마존 알렉사 같은 서비스를 제작할 수 있다.

마이크로소프트는 머신 러닝 모델을 맞춤형으로 학습시킬 수 있는 방식으로 서비스를 진화시키고 있다. 마이크로소프트도 커스텀 비전(사진 인식)과 커스텀 스피치(음성인식)를 개발했는데 기존 비전과 스피치 API가 미리 학습된 모델을 제공했다면, 커스텀 비전과 커스텀 스피치 API는 사용자가 목적에 따라 적합한 데이터를 입력해 학습시킬 수 있다. 즉, 스피치 API를 활용하면 특정 분야의 전문용어를 보다 잘 인식할 수 있다. 예컨대 주식 정보 챗봇을 만들려면 머신 러닝 모델이 전문용어를 많이 알아야 한다. 일반적인 스피치 API를 쓰면 전문용어를 이해하지 못할 수 있기 때문에 별도의 학습이 필요하다. 이럴 때 커스텀 스피치 API를 이용하면 된다. 악센트가 있는 경우,

시끄러운 곳에서 음성을 인식해야 하는 경우, 아이들이 말하는 방식에 대해서도 학습시킬 수 있다.

구글도 이 분야에서 빠지지 않는다. 국내 기업으로는 네이버의 IT 인프라 자회사인 네이버 비즈니스 플랫폼이 클라우드 서비스인 네이버 클라우드 플랫폼을 출시하고 기업과 공공 기관 등을 대상으로 클라우드 사업을 본격적으로 시작한다고 발표했다.

네이버가 주목하는 클라우드는 아마존, 마이크로소프트, 구글 등과 같이 서버나 데이터 저장 장치 등 전산 설비와 업무용 소프트웨어를 유료로 빌려주는 서비스다. 고객사는 네이버 클라우드의 검색, 음성인식, 음성합성, 지도 등 네이버의 간판 기술을 빌려 쓸 수 있다. 네이버 클라우드 플랫폼은 컴퓨팅, 데이터, 보안, 네트워크 등 30여 개의 인프라 상품으로 구성되어 있다.

—— 오픈 소스
오픈 소스란 모두에게 무상으로 개방되어 있어 누구나 개량하고 재배포할 수 있는 소스 코드를 말한다. 인공지능

오픈 소스로 누구나 관련 플랫폼을 활용하고 테스트해볼 수 있는 환경이 조성되었다.

알파고를 개발한 구글 딥마인드는 인공지능 개발 플랫폼인 딥마인드 랩을 공개해 누구나 인공지능 알고리즘을 활용할 수 있게 했다. 페이스북도 개방형 머신 러닝 개발 플랫폼인 토치를 기반으로 제작한 딥 러닝 모델을 공개했다. 마이크로소프트도 이미지 인식, 음성인식, 자연어 인식 기능의 인공지능 개발 도구를 개방했다. 인공지능 도우미 코타나, 스카이프의 자동번역 기술도 오픈 소스화했다. 테슬라도 10억 달러 규모의 비영리 인공지능 연구 기관을 설립해 모든 연구 성과를 공개했다.

대기업들이 이런 정책을 펴는 것은 플랫폼을 장악하려면 많은 사용자를 확보하는 것이 유리하기 때문이다. 정보 기술 대기업들이 개발자 생태계를 장악하기 위해 개방과 공유를 선택한 것이다.

오픈 소스 공개는 엄청난 파장을 가져왔다. 인공지능 연구가 확산되고 빨라지는 선순환 구조가 만들어진 것이다. 세계 각지 연구자들의 연구 결과가 곧바로 평가받을 수 있게 된 것이 중요하다. 기존에는 연구 논문이 권위 있는 학회의 심사를 받고 학술지에 공개되는 데 1년 이상이 걸렸다. 다른 연구자의 후속 연구는 2~3년 뒤에나 가능했다. 그런데 논문 공개 환경이 조성되자 학자들은 논문과 실험 자료를 오픈 아카이브arXiv에 등록해 검토와 평가를 받을 수 있게 되었다. 논문과 실험 자료에 공개 접근(오픈 액세스)이 이루어지면서 이를 활용한 연구 개발과 기술 발전이 비약적으로 빨라졌다. 코로나19는 이를 보다 촉진시키는 계기가 되었다.

논문을 게재하는 국제 학술지들의 검토 시간이 대폭 단축된 반면 연구 프로젝트에 대한 자금 지원 속도는 훨씬 빨라진 것이다. 많은 논문을 빨리 게재하려면 검토 시간을 대폭 단축해야 하는데 과거에도 논문 검토 과정이 몇 주로 단축되어 6개월 정도면 논문이 발표되었지만, 코로나19 여파로 논문 검토 과정이 48시간 이하로 단축될 만큼 짧아졌다. 코로나19의 치료제와 백신 개발의 단서가 되는 코로나바이러스의 핵심 단백질에 관한 논문이『사이언스』에 제출된 지 9일 만에 발간되기도 했다.

일부 학자는 논문의 검토 단축화가 반드시 좋은 것은 아니라고 지적한다. 자칫 검토 미비로 심각한 결함이 있는 연구 결과가 널리 공유될 수 있기 때문이다. 이로 인해 잘못된 정보가 확산되고, 다른 과학자들의 시간을 낭비할 수 있는 것도 사실이지만 코로나19 같은 위급한 상황에서 빠른 논문 검토와 발표는 이득이 크다. 치료제와 백신 개발이 더 빨리 이루어질 수 있기 때문이다.

그동안 논문의 검토에 오랜 시간이 걸린 것은 무관심에서 비롯된 경우가 많았고, 검토와 승인에 시간이 그만큼 낭비되었다는 설명도 된다. 학자들은 코로나19가 진정된 후에도 이미 변화된 시스템이 계속 적용될 것이라고 본다.

—— 사생활 보호가 관건

사물 인터넷 시대는 기본적으로 모든 사물이 지능적으로 연결되어 있는 환경을 지향한다. 그런데 그렇게 되면 현재의 CCTV나 이메일 감시보다 훨씬 지능적인 감시가 가능해지는 빅 브라더의 세상이 될 것이라는 우려도 있다. 정보 인권 침해 여부를 살펴볼 겨를도 없이 RFID 태그가 일상을 기록하고 공유해버리기 때문이다. RFID에 의한 일상의 혁명이 인간에게 편리함만 안겨주는 것은 아니라는 지적이다.

무선 시스템의 가장 큰 취약점은 여기에도 어김없이 등장한다. 개인 정보 보호, 해킹과 같은 문제다. 현재는 컴퓨터와 스마트폰 해킹 정도만 걱정하면 되지만 사물 인터넷 시대에는 TV, 자동차, 쓰레기통 등 모든 사물이 해킹될 수 있다. 다소 황당하지만 무인 자동차로 이동하는데 누군가 해킹해 운전자를 이상한 목적지로 데려갈 수도 있다. 해커가 냉장고를 해킹해 냉장고 문을 꽉 닫은 채 열어주지 않을 수도 있고, 가정의 온도 조절기를 최대치로 높이고 협박할 수도 있다.

개인 정보 보안 문제는 2003년 월마트가 100대 납품업자에게 납품 상자와 운송 팔레트에 고주파 태그를 부착할 것을 요구하면서 거론되기 시작했다. 이렇게 RFID 태그를 부착하면 인력을 투입하지 않고도 손쉽게 진열대의 재고 상황을 파악할 수 있다. 물건이 모자라면 컴퓨터가 자동으로 주문하는 것까지 가능하다.

인건비를 획기적으로 줄일 수 있어 경영에는 도움이 되었지만 곧 여러 문제가 제기되었다. 가장 심각한 것은 개인 정보 유출이었다. 예를 들어 RFID 태그가 달린 옷을 한 벌이라도 사면 옷의 색깔과 치수, 스타일, 가격 등의 정보가 카드사와 백화점의 고객 데이터베이스에 저장된다. 일부 기업은 외부에 보이는 태그와 별도로 제품 깊숙한 곳에 태그를 부착해 소비자가 포장재를 버린 뒤에도 정보를 수집할 수 있게 했다. 이런 정보가 마케팅을 위한 데이터로만 사용되면 큰 문제가 없겠지만, 범죄에도 이용될 수 있어서 문제다. 범죄자가 판독기를 해킹해 소비자를 추적할 수 있기 때문이다.

RFID 범죄를 예방하기 위해서라도 개인 정보 유출을 방지하기 위한 조치가 필요하다는 건의가 꾸준히 나왔다. 예를 들어 매장에서 물건이 팔리면 태그에 입력된 정보가 자동으로 삭제되게 하는 것이다. 하지만 제조업체들은 반대했다. 태그 정보를 지속적으로 활용하지 못하면 바코드와 다르지 않으므로 굳이 RFID를 사용할 필요가 없다는 것이다. 예컨대 식료품에 부착한 태그에 입력된 정보를 없애면 유통기한이 지나도 경고 메시지를 전하지 못하고, 지폐에 삽입된 태그가 기능을 못하면 폐지로 전락한다는 것이다.

사물 인터넷의 확산과 함께 개인 정보 유출에 따른 문제점이 만만치 않지만 기술의 유익함도 무시할 수 없다. 개인의 일거수일투족과 모든 사물이 인터넷으로 연결되는 세상에서 개인의 정보 유출만 강조할 수는 없다는 뜻이다. 사실 정보 기술의 발전과 프라이버시 보호는 달걀이 먼저냐 닭이 먼저냐는 문제처럼 간단하지 않다. 다만 창이 있으면 방패가 있는 법이다. 기술과 법, 사회적 인식의 조화로운 발전은 인간의 노력 여하에 달려 있다고 할 수 있다.

2 5G 시대

—— 이동통신 속도가 중요한 이유

온라인 수업을 비롯해 비대면 활성화를 위해서 기본적으로 필요한 것은 안정적이고 빠른 통신 속도다. 오랫동안 3G 통신 방식의 스마트폰이 사용되었으나 4G 방식의 스마트폰이 등장하자 곧 4G가 대중화되었다. 평창 동계 올림픽을 계기로 5G가 본격적으로 상용화되고 있다.

이동통신은 세대generation로 구분하는데, 세대는 전송속도를 기준으로 한다. 전송속도가 빨라질수록 전송할 수 있는 정보의 양과 종류가 달라진다. 또한 휴대전화에서 사용할 수 있는 기능도 강화된다.

—— 1세대 이동통신1G

1세대 이동통신을 아날로그 이동통신이라 부르며 음성 통화만 가능했다. 한국에서는 1984년 한국이동통신이 처음으로 상용화했다. 당시에는 거의 1킬로그램에 육박하는 긴 안테나가 달린 휴대전화를 사용했다. 벽돌만 한 크기로 벽돌폰이라고 불리기도 했는데, 매우 고가라 일반인은 사용하는 것이 어려웠다.

전송속도는 10킬로비피에스Kbps로 데이터 전송은 불가능했으며 사용 주파수는 200~900메가헤르츠였다. 1세대 이동통신을 아날로그라고 하는 것은 음성을 전송하기 위해 사용하는 주파수 변조 방식이 아날로그였기 때문이다. 아날로그 방식은 주파수에 혼선이 생기므로 주파수를 효율적으로 관리하지 못한다는 단점이 있었다.

—— 2세대 이동통신2G

2세대 이동통신은 기존의 음성을 디지털 신호로 변환해 사용하는 디지털 방식이다. 1세대 이동통신보다 훨씬 적은 데이터로 깨끗하게 통화할 수 있다. 2세대 이동통신은 유럽식GMS, Global System for Mobile communication과 북미식 CDMA, Code Division Multiple Access 등으로 기술 방식이 다양화되었는데 한국은 퀄컴의 북미식을 채택했다.

북미식은 한 주파수를 여러 사람이 나누어 사용하며 통화 품질이 아날로그보다 우수하고 보안성도 높았다. 속도는 빠르지 않지만 문자메시지 같은 저속의 데이터 서비스는 가능했다.

2세대 이동통신은 음성 통화 외에 문자메시지, 이메일 등의 데이터 전송이 가능했고 데이터 전송속도도 9.6~64킬로비피에스로 증가했다. 2세대 이동통신의 도입으로 국내 이동전화 시장이 비약적으로 성장했다.

— **3세대 이동통신3G**

2000년부터 3세대 이동통신 시대를 맞이했다. 이때부터 휴대폰을 통해 음성, 문자는 물론 무선 인터넷을 통해 양방향 통신과 비디오, 음악 등의 다운로드가 가능해졌다. 한국은 와이브로Wibro(해외에서는 WiMax)를 2006년 세계 최초로 상용화했다. 3세대 이동통신 시대에는 미국식, 유럽식, 한국의 자체 기술 등이 패권을 잡기 위해 경쟁했다.

　　와이브로는 2기가헤르츠의 주파수 대역을 이용해 1,446킬로비피에스~2.4메가비피에스의 전송속도를 제공했다. 문자·음성·동영상 등 멀티미디어 데이터를 유선 인터넷과 비슷한 속도로 즐길 수 있었고 영상통화도 가능해져서 4세대 이동통신이 등장하기 전까지 보편적으로 사용되었다.

—— 4세대 이동통신4G

4세대 이동통신의 특징은 휴대용 단말기를 이용해 전화를 비롯한 위성망 연결, 무선 랜 접속, 끊어짐 없는 이동통신이 가능해졌다는 것이다. 3세대 이동통신보다 전송속도가 수십 배 빨라져 동영상 전송, 인터넷 방송 등 다양한 멀티미디어 서비스 이용이 가능해졌다. 특히 음성·영상·데이터를 한꺼번에 처리할 수 있게 되었다.

　　4세대 이동통신의 핵심은 속도다. 전송속도는 이동 시 100메가비피에스, 정지 시 1기가비피에스다. MP3 음악 파일 100곡을 2.4초, 800메가바이트의 CD 1장을 6.4초에 받을 수 있는 속도다. 이런 속도는 영상 콘텐츠를 활용하는 시대를 열었다. 넷플릭스, 유튜브, 트위치 등 4세대 이동통신의 빠른 전송속도를 이용해 성공한 회사가 속속 등장했다.

─── 5세대 이동통신5G

4G LTELong Term Evolution만으로도 영상을 즐기는 데 문제가 없다. 4G 시대로 접어들면서 음악은 물론 영상까지 스트리밍 서비스 중심으로 바뀌었다. LTE 휴대전화만 있으면 모바일 뱅킹, 결제, 신분 인증, 동영상 시청, 쇼핑 등을 모두 해결할 수 있다. 그렇다면 왜 굳이 더 빠른 5세대 이동통신이 필요한 것일까?

4G는 데이터 전송 초창기의 전화 모뎀modem(아날로그 신호인 음성을 데이터 전송을 위해 디지털로 전환해주는 장비) 시절보다 속도가 10만 배나 빠르다. 그런데 5G 통신 속도는 4G보다 20배나 빠르다. 더불어 5세대 이동통신은 4차 산업혁명을 뒷받침할 인프라를 제공한다.

4차 산업혁명의 중앙에 5G네트워크가 있다. 5G 이

동통신 시대에는 트래픽 증가, 디바이스 증가, 클라우드 컴퓨팅 의존성 증가, 다양한 5G 기반 융합 서비스 등장 등 메가 트렌드를 수용할 수 있는 무선 인터넷이 필요하다. 즉 5G 기술은 빠를 뿐만 아니라 광대역, 초연결, 초고신뢰, 초저지연 통신이 가능해야 한다는 뜻이다. 많은 사람이 주목하는 것은 에너지 효율성이다. 5G는 4G에 비해 에너지 효율성이 100배에 달한다고 보는 학자도 있다.

4G와 5G는 완전히 다르다. 5G는 28기가헤르츠의 초고대역 주파수를 이용하는 이동통신 기술로서, '꿈의 속도'로 불리는 20기가비피에스 이상을 보여준다. 5G가 이처럼 빠른 속도를 낼 수 있는 비결은 광대역 통신 시스템 덕분이다. 광대역 통신이란 더 많은 통신을 주고받을 수 있는 일종의 구축망으로서, 여러 대역으로 나뉘어져 있는 4G 주파수를 결합해 더 넓고 빠른 통신을 제공하는 것이다.

쉽게 말해 통신은 전파와 정보의 융합이라 할 수 있는데, 통신을 강에 비유한다면 전파는 강물이고 전파를 통해 주고받는 정보는 그 위에 떠 있는 배라 할 수 있다. 광대역 통신이란 바로 이 강물에 더 많은 배가 다닐 수 있도록 강의 폭을 넓히는 기술이다. 일반적으로 5G는 4G보다 10~100배 빠르다고 한다.

현재도 동영상을 내려받는 데는 4G로도 충분하다. 그러나 앞으로 폭발적으로 증가할 가상현실이나 증강현실, 홀로그램 등을 활용하려면 4G보다 빠른 전송속도가 필요하다. 5G는 사용자당 최소 100메가비피에스에서 최대 20기가비피에스까지 빠른 데이터 전송속도를 제공한다. 예를 들어 15기가바이트의 영화 1편을 다운로드할 때 500메가비피에스로는 약 4분이 걸리지만 20기가비피에스는 6초면 충분하다.

5G가 대중화되면 초광대역 통신으로 초고속·초고용량 서비스가 가능해 현실감 있는 콘텐츠를 즐길 수 있을 뿐더러 대량 연결도 가능해진다. 4차 산업혁명 시대에는 수많은 모바일 기기와 각종 가정용·산업용 기기가 연결되어 동작할 것이다.

4차 산업혁명 시대에는 사람과 사물, 기계, 로봇, 자동차, 전자 기기가 네트워크로 연결되어 다양한 융·복합이 가능해지며 엄청난 양의 정보가 클라우드에 저장될 것이다. 이를 기반으로 나올 새로운 기술과 서비스는 역시 5G의 도움 없이 불가능하다.

5G는 통신 응답의 지연 속도가 1,000분의 1초로 4G에 비해 10분의 1 이하로 줄어든다. 이는 로봇 원격제어, 자율 주행 자동차, 실시간 인터랙티브 게임 등 빠른 반응 속도가 요구되는 곳에 필수적이다. 예를 들어 자율 주행 자동차가 급정거할 때를 보자. 시속 100킬로미터로 달릴 때 4G에서 50밀리초 지연되면 차량이 1미터 정도 진행한 후 정지 신호를 수신한다. 반면 5G에서는 1밀리초로 지연 시간이 줄어들며, 따라서 2.8센티미터 정도 진행한 후 정지 신호를 수신한다.

자율 주행이 가능하려면 주변 도로의 360도 중계 영상 등 대용량 정보를 0.1초의 지연 없이 전달하고 처리해야 한다. 주변 차량과 관제 센터, 신호등, 위성 등과의 데이터 송·수신도 실시간으로 이루어져야 하므로 통신 전달 속도가 관건이다. 5G는 자율 주행뿐 아니라 의료 시스템, 보안 시스템, 운송 시스템, 정밀 생산 등 여러 분야에 필수적이다.

가상현실 콘텐츠를 즐길 수 있는 가상현실 헤드셋의 경우 360도 입체 영상을 만들려면 17대의 카메라를 사용해 모든 방향에서 촬영해야 한다. 거의 모든 시각에서 촬영하기 때문에 헤드셋을 쓴 사람은 마치 자신이 영상을 촬영한 장소에 실제로 있는 것 같은 느낌을 받는다. 스포츠 콘텐츠의 경우는 실제 관중석에 앉아 있는 것 같은 느낌을 받을 수 있고, 경기장 한가운데서 선수들이 바라보는 시각을 간접 체험할 수도 있다. 홀로그램은 실물을 보는 것과 같은 입체감을 느끼게 해주지만 이를 위해 엄청난 데이터를 전송해야 하는데 5G가 되어야 문제없는 서비스 지원이 가능하다. 5G가 보편화되면 현재 테스트 수준에 머물러 있는 원격진료 서비스도 본격적으로 활용할 수 있을 것이다.

팬데믹 시대 비대면 기술의 강국이 되려면 안정적이고 빠른 통신이 필수적이다. 그러나 5G를 적절하게 활용하려면 부수적인 문제가 해결되어야 한다. 바로 에너지다.

4G에서 5G로의 상승은 기술 발달로만 이루어지는 것이 아니라 에너지 공급도 관건이다. 스웨덴의 통신 장비

업체 에릭슨은 5G 통신망의 전력 소비량이 4G의 2배라고 발표했다. 화웨이는 이보다 높은 최대 3.5배에 달한다고 발표했다. 한국 정부는 '디지털 뉴딜'을 위해 2022년까지 전국에 5G 통신망을 구축하려 하는데, 전력 문제를 어떻게 해결하느냐가 관건으로 보인다.

5G 이동통신 서비스가 품질 논란에 휩싸여 때깔만 좋은 개살구가 아니냐는 비판이 있던 차에 전력 사용량 급증이라는 차원이 다른 문제에 직면하게 된 것이다. 이 문제는 중국에서 먼저 문제가 되었다. 중국 일부 지역에서는 야간에 5G 기지국 작동을 멈추기까지 한다고 알려졌다. 한국에서도 전력난으로 이런 일이 벌어지지 않으리라는 보장은 없다. 5G 전력 소모에 대해 대책을 세워야 한다는 것이다.

5G가 더 많은 전력을 소비하는 것은 데이터 전송량을 높이기 위해 3G, 4G보다 높은 주파수(3기가헤르츠대)의 전파를 사용하기 때문이다. 주파수가 높아지면 전파가 멀리 도달하지 못해 2배 이상 많은 기지국을 세워야 한다. 또 여러 개의 안테나를 사용하고, 전파를 특정 방향으로

집중하는 기술 등이 병용되어야 한다. 때문에 같은 서비스 면적이라도 더 많은 전력을 소비하게 된다.

만약 5G 서비스가 전국으로 확산된다면 당연히 5G의 전력 사용량도 빠르게 증가할 것이다. 현재 정부가 추진하고 있는 전기 차, 사물 인터넷, 빅데이터 등은 대규모 전력을 필요로 하므로 전기 공급 불안과 그에 따른 요금 인상 가능성도 있다.

기술 개발도 좋지만 이를 위한 인프라 역시 동반되어야 한다. 특히 추후 에너지 문제로 5G 통신망의 품질이 저하될 수 있으므로 이에 대한 대책 강구가 필요하다.

3 사이버 스페이스와
비대면 교육

——— 사이버 스페이스 세상

미래를 사이버 스페이스 세상이라고도 하는데 사이버 스페이스가 주목받는 것은 과학기술이 하루가 달리 발전하는 것에 비례해 가상현실 세계도 발전하고 있기 때문이다.

사이버 스페이스는 네트워크로 형성되는 가상공간을 말한다. 사이버 스페이스라는 말은 윌리엄 깁슨William Gibson이 1984년에 쓴 『뉴로맨서Newromancer』라는 소설에 처음 등장한다. 깁슨의 소설에서 사이버 스페이스는 컴퓨터로 생성된 또 다른 공간을 지칭했다. 오늘날 사이버 스페이스는 끊임없이 접속되는 컴퓨터 시스템, 특히 인터넷으로 연결된 수많은 컴퓨터로 구현되는 세계를 가리키는 용어로 자리 잡았다.

학자들은 팬데믹 이후 사이버 스페이스의 영향을 가장 크게 받을 분야로 교육을 꼽는다. 한국은 물론 세계 많은 나라가 코로나19로 초등학교부터 대학교까지 거의 모든 수업을 비대면 온라인 수업으로 전환했다. 온라인 수업으로 전환된 후에 수업의 질 저하와 학력 저하에 대한 우려가 일어났다. 대학생들은 성의 없는 수업에 분노해 등록금 반환을 요구하기도 했다. 그럼에도 온라인 수업이 정착될 수 있었던 것은 그동안 이러닝e-learning 형태 교육의 도입이 부단히 시도되었기 때문이다.

사이버 스페이스 세상의 비대면 교육은 선생님의 강의만 듣는 것이 아니라 언제 어디서나 다양한 교육 콘텐츠에 접근할 수 있는 것이 특징이다. 오프라인과 온라인을 넘나드는 교육 환경으로 변모한다는 뜻으로, 학교에 가고 안 가고를 떠나 새로운 교육을 제공받을 수 있게 될 것이다. 자연스럽게 누구에게나 열린 교육으로 전환되게 된다. 온라인 교육의 확산으로 이전 어느 때보다 많은 사람이 질

좋은 교육을 받을 수 있게 되었다는 의미다. 배우려고 마음만 먹으면 언제든 무엇이든 배울 수 있다. 가상현실 교육의 특징은 감정이입의 자유와 지속 가능한 평등이다.

—— 가상현실 교육

가상현실을 활용해 이집트 고대 문명을 배운다고 하면, 먼저 스크린을 통해 선생님과 인사하고 간략한 학습 내용을 소개받을 것이다. 학생들은 VRHVirtual Reality Headset을 쓴 후 고대 이집트를 여행한다. 선생님과 피라미드 앞에 서서 피라미드를 관찰하고, 설명을 들으며 유물을 관찰한다. 피라미드를 만져보기도 한다. 테베의 카르나크 신전으로 순식간에 이동해 나일강 범람 축제도 관찰한다. 당시 이집트의 축제와 의복, 음식, 주거 환경을 생생하게 살펴보면서 고대 이집트인이 된 것 같은 착각을 느끼게 될 것이다.

가상현실을 이용하면 세계의 오지 중의 오지도 방문해볼 수 있고, 달로 소풍을 갈 수도 있다. 단순히 달을 보는 것뿐 아니라 대기권을 탈출하는 기분까지 느낄 수 있다. 이런 다양한 경험은 과거 인류가 가지지 못했던 통찰

력을 갖게 해줄 것이다.

체감형 학습 시스템을 이용하면 학생들은 교사가 없어도 불편 없이 자유롭게 공부할 수 있다. 예를 들어 영어 체감형 학습 시스템을 사용한다면, 고품질 3D 학습 콘텐츠 장치를 조정해 외국인과 말을 주고받는 경험을 하며 여러 가지 표현을 익힐 수 있다. 과학 시간에도 가상 실습과 사물 인터넷으로 다양한 실험과 체험을 해볼 수 있다. 다소 어려운 원리도 혼자서 학습할 수 있다. 특히 동물 해부 실험과 같이 윤리적인 문제가 제기되었던 실험은 가상 콘텐츠로 전환함으로써 여러 문제를 해결할 수 있게 된다.

시험도 집에서 본다. 옆에 앉은 학생의 답안지를 볼 수 없으므로 부정행위도 없다. 문서 마이닝 시스템은 숙제 때문에 고생하는 학생들에게 더없이 좋은 기회가 될 것이다. 교사도 과제물을 받은 후 데이터베이스를 검토해보면 학생이 어느 자료를 참고했고, 어느 자료를 베꼈는지 금세 파악할 수 있다.

―― 사이버 스페이스 시대 교사의 조건

사이버 스페이스 시대의 비대면 교육에서는 교사의 역할이 더욱 중요해진다. 앞으로 아이디어IDEA 즉, 'Interesting(흥미와 집중)', 'Development(개발과 혁신)', 'Engagement(참여와 실천)', 'Association(창의와 융합)'을 실천하는 과학 교사상이 부각될 것이다.

시대가 달라지고 아이들이 달라지는 상황에서 일선 교사도 미래형 학생에게 맞는 교육을 준비해야 한다. 코로나19가 새로운 교육 환경 즉, 학교에 가지 못한 채 원격 수업을 해야 하는 학생들에 대한 교육을 유도했고 이는 새로운 교육 방법을 유도했다. 교사도 통신 기기와 IT 기술을 통해 서로 소통할 수 있는 쌍방향 수업과 그에 맞는 교재를 준비해야 한다. 코로나19가 교사에게도 융합형 인재가 되기를 요구하고 있는 것이다. 기존의 지시형·전달형 수업에서 벗어나 학생에게 집중할 수 있도록 교사의 역량 강화도 이루어져야 한다. 학생들과 함께 호흡하며 수업할 수 있도록 유형별 맞춤 교육도 기본이다.

코로나19로 인해 촉발된 온라인 수업으로 많은 데이

터가 급격히 쌓이고 있다. 학생들의 데이터가 쌓이면서 이를 기반으로 에듀테크edutech가 급성장할 기반이 갖추어졌다. 가상현실·증강현실·인공지능 등 4차 산업혁명 기술이 융합되면서 교육 콘텐츠에 학습 알고리즘, 평가·분석 도구, 소통을 위한 협력 도구 등으로 교육의 범위가 더욱 확장된다는 뜻이다.

가상현실을 이용하면 건강 등의 이유로 학교에 갈 수 없는 학생도 다른 학생들과 함께 교실에서 교육받을 수 있다. 미국 뉴욕 델라웨어 카운티에 사는 중학생 옥스티는 뇌동맥류로 수술과 장기 입원이 불가피했다. 담임교사는 브이고VGo라는 텔레프레즌스 로봇를 통해 수업에 참여하게 했다. 옥스티는 병원에 있지만 브이고를 통해 학교 수업에 참여하고 선생님께 질문하고 친구들과 수다를 떨 수 있었다. 원격으로 조종하면서 화면에 자신을 드러내고 수업이나 세미나, 워크숍 등에 참여한다.

—— 인공지능 교사의 활약

학자들에게 큰 호응을 받는 것은 인공지능 교사다. '1만

시간의 법칙'이라는 말이 있다. 1만 시간 이상 투자해야 비로소 어떤 분야의 전문가가 될 수 있다는 논리인데, 인공지능은 단 몇 분이나 몇 시간 안에 인간이면 1만 시간이 걸릴 정보를 습득할 수 있다.

이는 인공지능이 교사가 될 수 있다는 것을 암시한다. 영국 런던에 있는 페이크먼초등학교에서는 인공지능 교사가 수학을 가르친다. 가상현실 속의 수학 교사는 학생들이 어려워하면 문제를 푸는 방법을 알기 쉽게 설명해주면서 답을 이끌어낸다. 인공지능과 일대일 대화에 빠져든 학생들은 가상현실 속에서 수학 실력을 키워나간다.

교수법을 익힌 인공지능은 마치 사람처럼 학생 개개인의 상황에 따라 적절한 대화를 해나가면서 일대일로 개인 지도를 수행해나간다. 이런 능력은 인공지능 수학 교사가 머신 러닝 기법으로 무장했기 때문이다. 방대한 양의 데이터를 수집·분석해 개인별 지도가 가능하도록 훈련한 것이다. 이런 일대일 교수는 인원에 제한이 없다는 것이 큰 장점이다.

인공지능 교사가 여러 분야에서 발군의 실력을 보이

지만 특히 수학에 흥미를 느끼지 못하는 학생들에게 효과적이라고 한다. 주변 환경 등의 이유로 자신감이 결여된 학생들에게 보충 학습을 제공해줄 수 있으며, 이를 통해 학습을 포기하는 학생을 줄여나갈 수 있다.

일대일 개인 지도는 효과가 높은 방식으로 알려져 있지만, 그만큼 많은 교사를 채용하기 힘들기 때문에 현실화되지 못했다. 하지만 인공지능으로는 이런 문제점이 해결된다.

학자들은 인공지능이 가장 잘 가르칠 수 있는 분야로 '국·영·수'를 꼽는다. 언어 능력과 수리력이 뛰어나게 로봇을 프로그래밍할 수 있고, 언제든 업그레이드가 가능하기 때문이다. 문제는 '인간다움'의 결여다. 교육 과정에서 인간이 아니면 가르칠 수 없는 분야가 있고 그것은 바로 휴머니티라는 뜻이다. 교육 현장에서도 가장 중요하게 여겨지는 것이 휴머니즘과 인성 교육이다. 미래의 교육 프로그램을 설계할 때 반드시 고려되어야 할 사항이다.

인공지능 교사에 대한 우려의 목소리도 적지 않다. 교사들은 교사의 역할 약화를 걱정한다. 교수법이 누출될 수도 있다. 인공지능이 스파이처럼 교수법과 관련된 정보를 빼낼 수 있다는 것이다. 그만큼 교사들이 설 자리는 좁아진다.

스티븐 호킹Stephen Hawking 박사도 인공지능 교사에 반대 의사를 표명했다. 인공지능이 일대일 개인 지도를 하게 되면 학생들에 대한 정보가 대량 축적되어 너무 영리해지고 향후 인공지능이 교육 정책을 좌지우지하게 될 수 있다는 지적이다. 학생들에 관한 정보가 축적됨에 따라 정보 누출, 사생활 침해 등의 보안 문제도 거론했다.

이에 대해 로봇 학자들은 인공지능이 계속 업그레이드되는 것은 사실이지만 그 기능을 조율하는 것은 교사라는 입장이다. 또한 인공지능이 제공하는 다양한 자료를 교사가 이용함으로써 큰 도움을 받을 수 있다고 한다.

4 4차 산업혁명과
물류 유통

—— 중국집 철가방부터 배달의 민족까지

과거부터 한국의 음식 배달은 놀랍고 유명한 것이었다. 배달을 위해 별도의 인건비를 지불해야 하지만 아무런 추가 비용 없이 짜장면 한 그릇도 배달이 되었기 때문이다. 외국인들은 중국집 배달을 보며 이런 배달이 가능한 나라는 한국밖에 없을 것이라고 찬탄했다. 한국인들이 당연하게 생각했던 중국집 배달은 한국이 남달리 코로나19에 순발력 있게 대응할 수 있게 해준 자산이기도 하다.

한국의 배달 서비스가 얼마나 세계인들에게 주목을 받았는지는 2019년 12월 '배달의 민족'으로 유명한 우아

한형제들이 독일 기업 딜리버리히어로에 40억 달러에 팔렸다는 것으로도 알 수 있다. 2019년 12월은 코로나19가 유행하기 전이다.

독일 회사가 이렇게 큰돈을 들여 한국의 배달 애플리케이션을 인수한 것은 이커머스 소비자를 공략하려면 배달 시스템을 확보해야 한다고 생각했기 때문이다.

현재는 거의 모든 음식점이 배달 서비스를 제공하고 있다. 아예 배달만 전문으로 하는 매장도 있다. 그런데 이런 곳들도 배달 직원을 두지 않고 영업한다. 배달의 민족처럼 모바일 플랫폼을 기반으로 소비자와 판매자를 연결해주는 배달 대행 업체들이 있기 때문이다.

—— 음식과 식재료 유통 증가

코로나19의 영향은 배송 물품의 다변화로도 드러났다. 코로나19로 온라인으로 음식이나 음식 재료를 주문하는 것이 크게 늘어났다. 2019년에는 음식과 식재료가 전체 주문의 8.7퍼센트 정도였는데, 2020년 상반기에는 14.8퍼센트로 부쩍 증가했다.

과거 식료품은 이커머스에 취약한 부분으로 여겨졌다. 식료품은 신선도가 중요한데 배송에 시간이 소요되고, 주문한 상품을 사전에 확인할 수 없기 때문에 소비자들이 꺼려했다. 그리고 식료품은 하자가 있어도 반품을 하기가 쉽지 않다. 그러나 코로나19로 식료품의 배달 수요가 늘어나자 이에도 변화가 생겼다. 반품을 허용하지 않을 수 없게 된 것이다. 식료품을 반품받는 것은 업주에게는 이중의 손실이다. 그러므로 주문한 식료품에 하자가 없도록 판매자가 신경 쓰는 환경이 되었다.

—— 코로나19 시대의 물류

코로나19로 많은 이가 어려움에 직면했지만 물류 시스템을 활용해 불황 속 성공을 거둔 곳이 생각보다 많다. 한국에서는 쿠팡이 물류의 특성을 정확하게 이해하고 효율적으로 이용했다. 로켓 배송과 새벽 배송 등으로 소비자에게 빠른 서비스를 제공해 시장 점유율을 높여가고 있다.

미국에서는 월마트의 선전이 눈에 띈다. 월마트는 미국의 '국민 마트'로 불렸으나 유통의 축이 온라인으로 이동히면서 오프라인 매장을 기반으로 한 전통 유통 업계는 위기를 맞았다. 많은 전문가가 월마트도 경영이 어려울 것이라고 예상했지만 월마트는 아마존의 공습에 큰 타격을 받지 않고 오히려 성장했다.

월마트는 오프라인 매장과 이커머스를 적절하게 활용했다. 월마트는 고객이 온라인으로 장을 본 뒤 매장 주차장에서 드라이브 스루 방식으로 찾아가는 커브 사이드 픽업 서비스를 가동했다.

더불어 횟수 제한 없는 무료 당일 배송 등을 내세워 회원제 서비스를 출시했다. 연회비를 낮추고 미국 전역에 있는 2,700여 개의 물류 센터를 활용해 아마존보다 빨리 배송했다. 월마트는 기존 오프라인 자산을 발판으로 배달 서비스를 발 빠르게 확충해 경쟁력을 확보한 것이다.

── 드론의 활약

물류에 있어 제일 중요한 것은 배달 속도다. 세계 각지에서 이를 위해 시도하는 방법을 살펴보면 놀라운 것이 많다. 상당수 거대 유통 업체들은 드론 배송에 집중한다. 아마존의 경우 고객이 상품 구매 버튼을 누르면 준비된 드론이 배송 센터에서 상품을 출하해 반경 16킬로미터 내면 상품 중량 2.3킬로그램까지 30분 내에 배송한다.

드론 택배의 강점은 하나둘이 아니다. 우선 도심에서 교통 체증을 피해 목적지까지 빠르게 배달할 수 있다. 인건비 절약은 물론 추위나 더위 속에도 운행이 가능하고, 오지에도 물건을 배달할 수 있다. 특히 도로망이 구축되지 않은 도서 산간에서 크게 활약할 수 있다.

알프스산맥에 위치한 스위스도 드론 활용에 적극적이다. 스위스는 로봇과 드론을 배달에 활용한다. 우편배달 로봇은 몸체에 카메라 9개와 동작 감지 센서 4개, GPS 장치 등이 장착되어 있어 입력된 목적지를 스스로 찾아갈 수 있다. 장애물과 공사 구간 등을 피해 가고, 신호등 앞에서는 차가 지나갈 때까지 멈출 줄도 안다. 학습 능력도 갖추고 있어 한 번 갔던 길에 대한 정보를 다음 배달 때 활용할 수도 있다. 로봇은 목적지에 도착하면 물건 주인의 휴대전화로 문자메시지를 보낸다. 로봇에는 원격 조종 장치가 달려 있어 배달 과정에 문제가 생기면 우체국에서 원격으로 문제를 해결하고 다시 조종한다.

스위스 우정국은 당일 또는 실시간 '동네 배달' 서비스에는 로봇, 오지 등에 빠른 배달을 할 때는 드론을 투입하는데 로봇과 드론을 활용해도 집배원은 크게 줄지 않는다고 말한다. 우편물에 편지 등 서신만 있는 것이 아니라 의약품·식료품·생활용품 등도 포함되므로, 우편물 분류 등에 사람의 역할이 빠질 수 없기 때문이다.

독일의 DHL은 2013년부터 파셀콥터Parcelcopter 프로젝트를 가동하고 있다. 최고 시속 64킬로미터로 운행하는 이 드론은 원래 북해의 위스트섬에 의약품을 보내기 위한 것이었다. 파셀콥터는 자동 비행 기능이 있어서 사람이 무선 조종을 하지 않아도 내장 컴퓨터에 입력된 비행경로를 따라 비행한다.

현재 활용하는 상업용 드론은 배터리 수명의 한계로 30분 이상의 장거리 배송은 불가능하다. 아마존은 이 문제를 해결하기 위해 지상 약 14킬로미터 상공에 물류 센터를 띄우겠다는 계획을 발표했다. 소비자의 요구가 많은 물품을 가득 실은 비행선을 띄우고 지상 관제 시스템과 연결해 상시 배송 대기 체제를 갖추겠다는 것이다. 이 경우 지상에서 출발할 때보다 동력이 적게 든다는 장점이 있다. 일반 항공기들은 지상 10킬로미터 내로 비행하므로 충돌도 피할 수 있다.

드론 기술도 발전하기 마련이다. 2017년 미국 존스홉킨스대학의 티머시 아무켈레Timothy Amukele 박사는 드론으로 259킬로미터 떨어진 곳에 진단용 혈액 시료를 안전하게 운반하는 데 성공했다. 이는 세계 최장 거리 드론 택배 비행 기록으로, 기존보다 작동 시간을 3배나 늘린 것이다.

수혈용 혈액 운반에서 시작한 드론 택배는 의약품과 의료 용품으로 배달 품목을 확대하고 있다. 전문가들은 이런 성과를 토대로 드론이 21세기 최고의 의료용 운반 시스템이 될 것이라고 예측한다. 특히 사회 인프라가 부족한 지역에서 드론이 진가를 발휘하고 있다. 르완다에서는 드론이 2킬로그램의 혈액 상자를 싣고 날아가 병원 근처에서 낙하산을 매달아 떨어뜨린다. 드론 배달에는 수혈용 혈액부터 말라리아와 광견병 백신, 파상풍 치료제, 뱀독 해독제 등은 물론 혈액 튜브 등 의료 기기도 포함되었다.

식당에서도 드론을 활용하고 있다. 싱가포르의 음식점에서는 종업원 대신 드론이 식사와 음료수를 제공한다. 싱가포르는 식당 종업원의 임금이 적은 데다 사회적 지위도 낮기 때문에 직원을 구하는 것이 쉽지 않아 드론을 대신 활용하게 된 것이다. 드론에 카메라와 센서가 있어 사람은 물론 드론끼리도 충돌하지 않는다.

일본의 라면 브랜드 닛신은 컵라면을 3분 동안 빠르게 배달한다는 '컵드론' 캠페인을 벌이기도 했다. 코카콜라는 고층에서 일하는 싱가포르의 외국인 건설 노동자들에게 드론으로 감사 메시지와 콜라를 전달하는 '하늘으로부터의 행복'이라는 캠페인을 진행하기도 했다.

중국 2위 전자 상거래 업체인 징둥닷컴은 1톤이 넘는 화물을 실을 수 있는 드론을 개발하고 있다. 1톤짜리 화물용 드론은 오지에서 재배한 과일·채소를 도시로 실어 나르는 등 다양하게 활용될 것으로 기대된다.

─── 물류의 미래

아마존은 보다 공격적으로 새로운 시장을 개척하고 있다. 빠른 배달 서비스를 업그레이드해 맞춤형 서비스를 제공하겠다는 것이다. 미래는 사람이 요구하는 것을 제공하는 것을 넘어 '원할 것 같은 것'을 미리 예측해 제공하고 본인도 인식하지 못한 숨겨진 욕망을 추적해 제품과 서비스를 제공하는 시대가 될 것이다.

아마존은 주문이 들어오기 전에 고객의 행동을 예측해 '주문할 것 같은 물건'을 사전에 포장하고 기다린다. 제품을 판매한 후 고장 나면 애프터서비스를 하는 것이 아니라 사전에 고객에게 사용 정보를 알려주어 미리 고장 날 때의 낭패를 예방해줄 수도 있다.

제3부

뉴노멀 시대의 핵심 기술

코로나19는 과거 팬데믹으로 세계가 어떻게 변했는지 되돌아보게 한다. 1347년 프랑스 파리에서는 800명, 오스트리아 빈에서 600명, 이탈리아 피사에서 500명이 하루 만에 죽었다. 급작스럽게 발생한 오한과 발열, 두통, 근육통 등의 증상과 함께 피부가 검게 변하면서 사망하는 흑사병(페스트)이었다.

이 병으로 당시 유럽 인구의 약 3분의 1에 달하는 3,000~5,000만 명이 사망했다고 알려진다. 흑사병으로 유럽뿐만 아니라 중국에서도 약 3,000만 명이 사망했고 이집트에서는 하루에 1만 명이 사망했다고 한다.

왜 이렇게 많은 사람이 병에 걸려서 죽음에 이르는지 이유를 몰랐던 사람들은 교회로 달려가서 기도에 매달

렸지만 소용이 없었다. 흑사병은 신분 고하를 가리지 않았다. 농노는 물론 성직자들의 목숨까지 앗아갔다. 기도로 병을 물리칠 수 없다는 사실이 드러나면서 교회의 권위도 무너졌다. 흑사병은 정치, 문화, 경제, 사회, 종교 등 중세 유럽의 거의 모든 분야에 커다란 영향을 미치며 당대 사회의 패러다임을 근본적으로 변화시켰다.

맬컴 글래드웰Malcolm Gladwell은 이를 '티핑 포인트'로 설명한다. 티핑 포인트는 급변하는 구간을 뜻하는데, 어떤 사건이 사회적으로 큰 변화를 가져온다는 뜻이다.

14세기 이전 중세 유럽은 계급 사회로 영주가 농노를 착취하는 안정적인 피라미드 구조를 이루고 있었다. 당대 생활수준으로 보아 노동의 공급과 수요의 균형이 어느 정도 맞았다는 뜻이다. 하지만 흑사병이 창궐하자 영양 상태가 부실한 농노가 더 많은 피해를 입었고, 이는 노동 부족을 야기했다. 흑사병 유행 이후, 영주는 농노 이탈 방지와 신규 유입을 위해 보상을 주지 않을 수 없었고, 이는 영주 간 농도 영입 경쟁으로 이어졌다.

이로 인해 농노의 지위가 향상된 것은 물론, 농노의 경제력이 커지면서 구매력도 향상되었고 시장은 더욱 활성화되었다. 그래서 흑사병이 자본주의의 계기라고 말하는 학자들도 있다. 노르웨이 사학자 올레 예르겐 베네딕토프Ole Jørgen Benedictow도 "흑사병으로 인한 농노의 지위 향상이 물품 구매와 같은 소비를 촉진시켜 자본주의를 야기했다"라고 말했다.

MIT의 피터 테민Peter Temin 박사는 흑사병을 1차 산업혁명의 동인이라고 주장했다. 농노 임금이 향상되면서 비용 감소를 위한 대안을 찾게 되었으며, 자연스럽게 말과 소를 대체할 기계를 찾게 되었는데 이것이 1차 산업혁명의 시발점이라는 설명이다.

흑사병은 경제 체제 발전뿐만 아니라 사회 변혁에 있어서도 티핑 포인트가 되었다. 중세 유럽은 교회 중심 사회였다. 중세인들은 신의 은총으로 흑사병을 퇴치할 수 있다고 믿었으나 많은 사람이 병에 걸려 죽었다. 교회가 고통받는 사람을 구제하는 데 도움이 되지 않는다는 것이 밝혀지면서 사람들이 신학보다 과학과 문학에 집중하는 현상이 발했다. 그렇게 르네상스가 태동했다. 여기에 신흥 자본가들이 적극 참여했는데 이들은 귀족은 아니지만 자금을 마음껏 쓸 수 있는 기회가 자신의 위상을 높여준다고 생각했다.

농노의 경제력 향상이 신흥 귀족의 등장과 더불어 토착 영주들의 봉건 경제를 몰락시키는 촉진제가 되었다. 대신 왕과 정부의 힘은 강화되었다. 흑사병의 확산을 막기 위해 중앙집권적인 행정력이 필요해졌기 때문이다.

흑사병이 세계를 완전히 변하게 한 티핑 포인트가 되었다는 사실은, 코로나19로 인해 세계가 어떻게 변할지 궁금하게 한다. 4차 산업혁명이 진행되고 있는 상황이기에 더욱 예측이 어렵다.

그렇기 때문에 코로나19가 세계 질서를 영원히 바꾸

어놓을 것이라는 헨리 키신저 Henry Kissinger 전 미국 국무
장관의 말은 매우 의미심장하다. 키신저는 새로운 시대를
대비한 계획에 착수해야 한다고 말했다. 코로나19가 우리
의 삶을 좋든 싫든 이전과는 전혀 다른 세상으로 인도한
다는 뜻이다.

코로나19로 촉발된 팬데믹은 위기이자 기회다. 팬데
믹이 전 세계에 큰 악영향을 미칠 것이라는 사람도 있지
만, 팬데믹으로 4차 산업혁명이 더 빨리 정착될 것이라 기
대하는 사람도 있다. 지구인들이 원하던 일은 아니지만 코
로나19에 의해 비대면의 일상화가 장기화되자 당연히 생
활에 많은 변화가 이루어졌다.

코로나19가 언젠가 잠잠해진다고 하더라도, 이로 인

해 촉발된 비대면의 확산은 계속 진행될 것이 분명하다. 다행인 것은 비대면이 생소한 것은 아니라는 점이다. 비대면은 4차 산업혁명 이전에 등장했고 그전부터 미래를 좌우할 핵심으로 거론되어왔다. 그러다 코로나19로 인해 비대면 서비스와 관련된 기술, 아이디어가 폭발적으로 발전하게 된 것이다.

코로나19가 4차 산업혁명을 이끄는 것은 아니지만 4차 산업혁명의 한 요소를 구현하고 있는 것은 틀림없는 사실이다. 중요한 것은 코로나19로 인해 격변할 미래에 슬기롭게 살아남으려면 어떻게 해야 하는지다. 이를 위해서는 미래에 무엇이 어떻게 변할지 파악하는 것이 필요하다. 새로운 시대를 이해해야 복잡다단해지는 미래에 성공적으로 나를 접목시킬 수 있기 때문이다.

인간과 직결되는 세계적인 변화를 소소한 면까지 예측한다는 것이 간단한 일이 아니다. 그러므로 4차 산업혁명이 궁극적으로 목표로 하는 미래에 대해 설명하려 한다. 전 지구적으로 인공지능과 로봇, 교통 분야에서 자율 주행 자동차가 미래를 주도할 것은 이론의 여지가 없다. 학자들은 이를 위해 에너지 해결책으로 인공 태양을 제시한다.

1 인공지능

―― **코로나19를 예측한 인공지능**

코로나19로 인해 더욱 빠르게 인공지능 시대가 등장한다
는 데 이의를 제기하는 학자는 없다. 인공지능은 현재 인
간이 하던 수많은 분야에서 혁혁한 공을 세우고 있는데
놀라운 것은 인공지능이 바이러스의 전 세계적 유행을 미
리 알고 있었다는 점이다.

캐나다의 블루닷BlueDot은 미국 질병예방통제센터나
세계보건기구보다 먼저 코로나19 대유행을 예측했다. 블
루닷은 중국의 빅데이터를 면밀히 분석해 중국 우한에서
새로운 코로나바이러스가 발생한 후 서울과 도쿄, 홍콩, 마

카오 등으로 감염자가 확산될 가능성이 높다고 전망했다.

팬데믹 시기 인공지능의 활약은 그야말로 놀랍다. 중국은 코로나19가 폭발적으로 증가해 의료진이 부족해지자 인공지능을 적극적으로 투입했다. 순찰용 로봇을 고속도로 검문소에 배치해 운전자의 체온을 측정하고 감염 의심 여부를 확인했으며, 정확한 검사를 위해 코로나19 샘플 채취 로봇도 개발했다. 로봇이 사람의 목구멍에서 샘플을 채취해 감염 여부를 측정하는 것이다. 의료진 대신 로봇이 위험한 업무를 하게 한 것이다.

코로나19 방역 과정에서 로봇의 활약을 보면 포스트 팬데믹 시대에 가장 필요한 것은 인공지능과 로봇일 것이라고 예측할 수 있다. 특히 앞으로는 연산능력, 공간지각 능력과 사물 인식을 할 수 있는 '해석 지능', 음악과 언어를 구사할 수 있는 '창의 지능', 소통·상황 적응·자아 인식을 할 수 있는 '실천적 지능'을 갖추어 인간과 다름없는 인공지능이 등장해서 많은 분야에서 활약할 것이다.

인공지능은 왜 필요할까? 간단하게 말하면 인간의 한계 때문이다. 현재 인간은 만물의 영장으로 군림하고 있지만 한계가 있다. 코로나 바이러스는 인간의 한계를 명확히 보여주었다. 인간을 대체할 수 있는 인공지능과 로봇의 필요성은 앞으로 더 두드러질 것이다.

인공지능은 크게 산업용 인공지능과 인간형 인공지능으로 나뉜다. 산업형 인공지능은 인간의 노동력을 대체할 수 있는 기계를 의미하며 인간형 인공지능은 인간을 모방해 인간을 보조하는 것을 의미한다. 즉, 인간이 주입하는 정보에만 의존하는 것이 아니라 인간과 같은 기능을 갖춘 로봇을 뜻한다. 여기에서는 인간형 인공지능에 대해서만 설명한다.

━━ 인간형 인공지능

인간의 장점이자 단점은 실수 즉 휴먼 에러human error가 다반사로 일어난다는 점이다. 사람은 자신이 해야 할 일을 잊어버리고, 하지 않아도 되는 일을 한다. 계산이나 측정 중에 오류가 발생하기도 한다. 이는 개개인의 변수에도 기인하지만 자신이 갖고 있는 정보의 불확실성과 이를 활용하는 방법의 차이에서도 기인한다.

인간은 인지 단계에서 외부의 정보를 입수하면 두뇌 속에 저장되어 있는 기억을 바탕으로 판단하고 자신의 잣대에 맞추어 결정한 후 행동으로 옮긴다. 이 과정은 순식간에 이루어지는데 이때 휴먼 에러가 일어난다.

더구나 인간은 판단과 결정 단계에서 총체적 메모리를 활용한다. 총체적이라는 것은 머리로 하는 기억 외에 몸이 기억하는 감각도 있다는 뜻이다. 인간의 육감은 때로는 기억보다 정확하다.

인간은 완벽하지 않으며 일관성도 없다. 특히 행동 단계에서 실수가 잦다. 마음은 굴뚝같지만 몸이 따라주지 않는다는 말은 인간의 한계를 적나라하게 보여준다. 인지·판단·결정 단계의 오류는 수정할 기회가 있지만 행동 단계의 실수는 수정할 기회도 없다. 심각한 휴먼 에러가 발생할 수 있는 경우 구원투수에게 맡기는 것이 현명한데 인공지능이야말로 최선의 선택이 될 것이다.

로봇이 인간보다 많은 분야에서 유리하므로 인간 같은 로봇을 만들려는 노력이 계속되고 있다. 많은 소설과 영화 등에서도 인간을 닮은 로봇이 등장해 상상력을 자극한다. 아이작 아시모프Isaac Asimov의 소설 『양자인 간Positronic Man』을 영화화한 〈바이센테니얼 맨Bicentennial Man〉은 과학이 발달하면 기계와 인간의 차이가 없어질 수 있다는 생각이 들게 한다.

COVID - 19

 2 로봇

PANDEMIC

—— 인간의 육체를 뛰어넘을 수 있을까?

2005년 미국의 미래학자 레이먼드 커즈와일Raymond Kurzweil 박사는 앞으로 20년 안에 인간의 영생을 가능하게 할 기술적 발전이 이루어질 것이라고 발표했다. 커즈와일 박사는 인터넷의 등장, 컴퓨터가 세계 체스 챔피언을 이기는 것, 액정디스플레이LCD가 CRT 모니터를 대신할 것 등을 정확히 예측했다. 커즈와일 박사가 인간의 영생이 가능하다고 한 것은 인간과 로봇이 접목될 수 있다고 믿기 때문이다.

2012년 8월, 러시아의 재벌 드미트리 이츠코프Dmitry

Itskov는 영생을 누리기 위한 계획에 착수했다고 발표했다. 이츠코프의 계획은 단순하다. 로봇에 인간의 뇌를 이식해 죽지 않는 인간을 만든다는 것이다. 인간의 뇌와 로봇을 합치면 영원불멸할 수 있다는 뜻이다.

그동안 로봇을 아무리 정교하게 만들더라도 인간의 뇌를 따를 수 없다는 한계론이 대세였다. 이츠코프는 생명 연장에 한계가 있는 육체를 버리고 로봇에 두뇌를 이식하자는 주장을 내놓았다. 그는 2045년 완성을 목표로 글로벌 퓨처 2045, 또는 아바타 프로젝트를 세웠다. 아바타 프로젝트의 목표는 다음과 같다.

2015~2020년: 사람의 뇌파로 로봇을 조정할 수 있는 시스템 개발

2020~2025년: 사람의 뇌를 이식할 수 있는 아바타 개발

2030~2035년: 인공 두뇌를 가진 아바타를 만들어 인간의 개성과 의식을 이식

2040~2045년: 홀로그램 아바타, 즉 불멸의 존재 완성

이츠코프는 "질병과 장기의 퇴행이 없다면 인간의 두뇌는 200~300년 더 살 수 있다"면서 최종 목표는 아바타를 이용해 불멸·불사가 가능하도록 하는 것이라고 설명했다. 이 아이디어의 단초는 인간과 인공지능 로봇을 접목한다는 것이다. 그동안은 인간의 두뇌를 복제해 인공지능 로봇을 만드는 데 집중해왔는데, 역으로 인간을 로봇으로 만들자는 아이디어가 나온 것이다.

── 뇌파로 움직인다

20세기에 들어 학자들이 인간의 두뇌를 본격적으로 연구하면서 뇌파의 유용성을 깨닫게 되었다. 그러면서 뇌파를 다룬 다양한 창작물이 나왔다. 시로 마사무네土郎正宗의 만화를 기본으로 한 오시이 마모루押井守 감독의 애니메이션 〈공각기동대〉는 사이보그가 보편화되어 기계와 인간의 경계가 모호한 미래를 제시한다.

사이보그가 인간과 공존하면서 모든 생활이 네트워크로 이어진다. 전뇌 네트워크를 이용하면 육체의 한계도 벗어날 수 있다. 주인공 구사나기 소령은 두뇌를 제외한 몸 전체가 기계로 된 사이보그다. 애니메이션에는 조작된 기억이 주입되는 내용이 나오면서, 기억이 조작된다면 '나'라는 자아가 과연 무엇이냐는 질문을 던진다. 허상과 실상의 차이가 불분명한 미래에도 인간의 생리학적 두뇌만은 보존되어야 할 개체로 설명되는 것이 인상적이다.

　과학자들은 인간의 두뇌에서 발생하는 뇌파를 활용하면 뇌에 대한 생각을 획기적으로 바꿀 수 있을 것이라고 본다. 인간은 활동할 때는 물론 잠자고 있을 때도 부단하게 뇌파를 발생시킨다. 뇌파는 0.5~50헤르츠 범위 내의 느리고 연속적인 전자파로, 쉬고 있을 때는 8~13헤르츠의 알파파가 나온다. 정신을 집중할 때는 14~30헤르츠의 베타파가 나오고, 깊은 수면 상태에서는 0.5~4헤르츠의 델타파가 나온다. 꾸벅꾸벅 졸거나 얕은 수면 상태에서는 4~8헤르츠의 세타파가 발생한다. 이때 지각과 꿈의 경계 상태에 있다고 말한다. 학자들은 뇌파 중에서도 특히 알파파를 뇌-컴퓨터 인터페이스BCI, Brain Computer Interface에 사용할 수 있다는 사실을 발견했다. 뇌파 증폭기를 사용해 새로운 적용 분야를 찾을 수 있다는 것이다.

사실 과학자들이 뇌파 연구에 착수할 때만해도 영생이라는 '불가능의 영역'을 다룬다고 생각하지 않았다. 이들의 연구 과정을 개략적으로 설명하면 다음과 같다. 먼저 사람의 두뇌와 근육에 전극을 부착해 뇌 조직에서 발생한 전기신호를 컴퓨터가 읽을 수 있는 패턴으로 옮긴다. 이 연구는 장애인이 눈을 깜박이거나 볼을 실룩이는 행동으로 컴퓨터를 조작할 수 있는 길을 열어주었다.

네덜란드 마스트리흐트대학의 라이너 괴벨Rainer Goebel 교수는 2004년 뇌파만으로 탁구를 할 수 있는 게임 장치를 개발했다. 특정 대뇌피질의 전기신호를 잡아내 컴퓨터 화면 속의 탁구채를 움직이는 방식이다. 여기에는 자기공명영상MRI를 비롯해 두뇌가 보내는 전기신호 데이터를 분석하는 소프트웨어가 동원되었다. 스웨덴에서도 뇌의 전기 활동을 감지하는 머리띠 형태의 센서를 착용하고 뇌파만으로 공을 움직이는 게임을 개발했다.

뇌파로 인간의 불편함을 상당 부분 해결할 수 있다는 것이 드러나자 다양한 후속 연구가 이어졌다. 처음에는 생활의 불편함을 해결하는 분야에 연구가 집중되었다. 예를 들면 뇌파 장치를 이용해 교통사고를 줄이는 것이다. 컴퓨터가 운전자가 취하는 손과 다리의 움직임을 분석해서 잘못된 경우 경고를 주거나 주의를 환기시켜 사고를 예방하는 것이다.

—— 뇌파와 사이보그 연구의 발전

인간의 두뇌에서 발생되는 뇌파가 상상할 수 없을 정도로 유용하다는 것이 발견되자 이를 활용하는 방안들이 도출되었다. 특히 SF 영화 감독들은 특유의 상상력을 발휘해 인간의 두뇌를 활용하는 획기적인 아이디어를 내놓았다. 그중에서도 가장 잘 알려진 방법은 신체에 칩 같은 전자장비를 연결하는 것이다.

2005년 스위스 로잔연방공과대학의 헨리 마크럼 Henry Markram 교수는 IBM의 슈퍼컴퓨터 블루진을 이용해 인간 두뇌 전체에 대한 컴퓨터 뇌 모델을 완성하겠다고 발표했다. 두뇌의 작동 과정을 완벽히 재현해 신경 회로 이상으로 발생하는 각종 정신 질환의 원인을 규명하고 치료법 개발에 도움을 주겠다는 것이다. 모든 생명체는

ATGC라는 4개의 염기가 나열되어 정보를 전달한다. 슈퍼컴퓨터의 도움을 받아 인간 게놈의 염기쌍 서열을 밝히는 데 성공했다. 좀더 과학기술이 발전한다면 인간 의식을 다운받아 저장하는 것이 허무맹랑한 이야기만은 아닐지도 모른다.

학자들은 뇌를 조종하는 방법 연구에도 박차를 가하고 있다. 그 대표적인 인물이 사이보그가 되는 데 앞장선 영국의 케빈 워릭Kevin Warwick 교수다. 워릭 교수는 1998년 팔에 칩을 이식했다. 이 칩은 컴퓨터에 신호를 보내 워릭 교수가 실험실에 들어서면 자동으로 문이 열리고 전원이 켜지게 한다. 이 칩에는 언제든 필요한 정보를 추가할 수 있기 때문에 워릭 교수는 컴퓨터화한 인간의 시초라는 평을 들었다.

워릭 교수는 2002년에는 500원 동전 4분의 1 크기의 실리콘 칩을 손목 정중신경에 연결했다. 이 장치는 뇌에서 팔의 근육에 보내는 신호와 팔에서 뇌로 가는 신경 자극을 인식하는 일종의 신호 인식기로, 수집한 정보를 외부의 컴퓨터에 전송할 수 있다. 칩을 성공적으로 삽입한 워릭 교수는 자신의 손을 로봇 손과 연결시켰다. 그의 부인도 시술을 받았다.

워릭 교수의 목적은 뇌파를 컴퓨터로 읽은 후 물체를 움직일 수 있도록 하는 것이었다. 즉 인간의 뇌가 외부 물체를 조종할 수 있도록 하는 것이다. 칩은 제대로 작동했고, 수천 킬로미터나 떨어져 있는 장비도 움직일 수 있었다. 워릭 교수의 연구가 매우 획기적인 것은, 신경계에 장치를 이식한 후 이를 전자신호로 조절함으로써 인간 뇌의 전기·화학적 균형을 변화시킬 수 있다는 것을 증명했기 때문이다. 즉 아스피린을 먹지 않아도 전자신호를 주입하면 두통을 치료할 수 있다는 설명이다. 심지어 워릭 교수는 부인과 인터넷을 통해 뇌파만으로 감정과 생각, 행동을 전달하는 실험도 수행했다. 두 사람은 대화 없이 교감할 수 있다는 가설도 성공적으로 입증했다.

하지만 정밀하지는 못했다. 아직 전극이 정중신경을 이루는 수만 개의 신경섬유 중 특정 심경섬유에만 자극을 주는 것이 불가능하기 때문이다. 그럼에도 워릭 교수의 실험은 아주 고무적인 일로 받아들여졌다.

—— 기초적인 뇌파 실험

뇌파 이용 실험은 먼저 동물을 대상으로 이루어졌다. 2000년 5월 노스웨스턴대학의 산드로 무사-이발디Sandro Mussa-Ivaldi 박사는 다묵장어의 뇌간과 척수 일부를 떼어낸 후 감각 기관에서 전달되는 정보를 처리하는 신경세포에 전극을 연결하고 움직임을 제어하는 신경세포에 다른 전극을 연결시켜 다묵장어 로봇을 만들었다.

다묵장어는 물속에서 헤엄칠 때 감각 세포의 도움을 받아 방향을 파악하는데 무사-이발디 박사는 감각 세포를 제거하고 광센서로 대체했다. 이 센서로 신호를 받아 몸에서 떼어낸 뇌간에 보냈더니 뇌간은 움직임을 제어하는 신경 자극을 보냈다. 이 자극은 로봇이 받아 모터를 제어하는 지시로 전환되었다. 물고기의 신경세포는 기본적으로 고등동물의 신경세포와 동일하기 때문에 이 연구는 학자들을 고무시켰다. 물고기의 뇌와 로봇을 연결할 수 있다면 인간에게도 가능할 것이기 때문이다.

다묵장어 실험이 성공하자 2003년 10월, 듀크대학의 미게우 니콜렐리스Miguel Nicolelis 교수는 붉은털원숭이

의 뇌에 머리카락 한 올보다 가는 전극을 이식했다. 붉은
털원숭이는 조이스틱을 이용해 커서를 화면 속의 목표물
로 이동시키는 게임을 숙지하고 있었다. 붉은털원숭이가
조이스틱을 움직일 때마다 뇌에 이식된 전극과 연결된 로
봇 팔도 함께 움직였다. 붉은털원숭이가 조이스틱을 움직
여 목표물을 이동시키는 생각을 할 때 일정한 패턴의 뇌
파가 발생했고, 생각만으로도 로봇 팔이 움직였다. 실험실
에서 약 1,000킬로미터 떨어진 곳에 있는 로봇을 움직이
는 데도 성공했다. 이 실험으로 아무리 작은 움직임이라도
단 하나의 신경세포가 아닌 상당히 많은 신경세포가 집단
으로 작용한다는 것이 밝혀졌다. 원하는 결과를 얻기 위해
전극을 특정 뉴런에 붙일 필요는 없다는 뜻이다.

—— 정신적 타자기

인간의 뇌파로 컴퓨터를 움직이려면 매우 복잡한 과정을
거쳐야 한다. 뇌파를 측정하려면 두개골 위에 수많은 센서
를 붙이거나 뇌에 미세 전극을 심어야 하기 때문이다. 뇌
파를 해석하는 것도 뇌와 뇌전도EEG 시스템에서 발생하

는 잡음 때문에 매우 어려운 작업이다. 같은 동작을 하더라도 뇌파의 활성화 정도가 사람마다 달라서 수많은 경우에 따른 개인 데이터가 필요하다.

학자들은 뇌와 기계 접촉의 초기 단계로 볼 수 있는 장치로 '정신적인 타자기mental typewriter'를 개발했다. 프라운호퍼연구소 등이 개발한 이 장치는 두뇌에 발생하는 전기 활동을 측정하는 모자를 쓰고 컴퓨터의 커서를 조정해 메시지를 타이핑하게 해준다. 이 장치는 전신마비 환자가 인공관절을 움직이고 인터넷을 사용하는 데 적격이다.

이 개념을 활용한 장치는 실제로 인간에게 적용되었다. 미국 매사추세츠주에 사는 매슈 네이글Matthew Nagle은 척수가 절단되는 사고를 당해 전신이 마비되었다. 네이글은 2004년 브라운대학의 존 도노휴John Donoghue 교수가 개발한 신경 인터페이스 시스템 브레인게이트Braingate를 이식받았다. 이 장치는 마이크로미터 단위의 미소전극 100개를 포함한 4밀리미터 정도의 센서로, 뇌의 운동 피질 표면에 이식되었다. 전극은 신경세포의 전기신호를 포착해 컴퓨터로 전송한다. 네이글은 생각만으로 허리를 펴

거나 손을 벌리는 등 16가지 동작을 할 수 있게 되었다. 생각만으로 텔레비전을 켜고 채널을 바꾸기도 한다

　미국 MIT의 매슈 윌슨Matthew Wilson 교수는 뇌에서 나오는 전기신호가 생각보다 매우 간단하다고 말했다. 학자들은 브레인게이트와 같은 장치가 정착되면 장애인뿐만 아니라 노인에게도 유용하게 활용될 것이라고 한다.

── 뇌-컴퓨터 인터페이스 1: 미세 전극과 센서

초보적이나마 인간의 뇌파를 이용해 기계를 움직이는 데 성공하자 이를 활용할 가능성이 열렸다. 가장 주목받은 기술은 뇌-컴퓨터 인터페이스BCI다. 뇌-컴퓨터 인터페이스는 어떤 동작을 상상할 때 발생하는 뇌파를 컴퓨터에 보내면, 컴퓨터가 이를 기계적인 명령어로 바꾸어 전달하는 것이다.

　뇌-컴퓨터 인터페이스에는 세 가지 접근 방법이 있다. 첫째는 뇌의 특정 부위에 미세 전극이나 반도체 칩을 심어 신경세포의 신호를 포착하는 것이다. 둘째는 뇌의 활동에 따라 주파수가 다르게 발생하는 뇌파를 이용하는 방

법이다. 먼저 머리에 띠처럼 두른 장치로 뇌파를 모은다. 이 뇌파를 컴퓨터로 보내면 컴퓨터가 뇌파를 분석해 적절하게 반응한다. 컴퓨터가 사람의 마음을 읽어서 스스로 작동하는 셈이다. 셋째는 기능적 자기공명영상fMRI 장치를 사용하는 방법이다. 기능적 자기공명영상은 어떤 생각을 할 때 뇌의 어느 부분에 피가 몰리는지 보여준다.

이 중에서 첫째와 둘째 방법은 상당한 성과를 거두었다. 우선 첫째 방법을 보자. 1998년 최초의 뇌-컴퓨터 인터페이스 장치가 선보였다. 미국 신경과학자 필립 케네디Philip Kennedy가 만든 이 장치는 뇌졸중으로 쓰러져 목 아래가 완전히 마비된 환자의 두개골에 구멍을 뚫고 이식되었다. 이 환자는 눈꺼풀을 깜박거려 겨우 자신의 뜻을 나타낼 뿐 조금도 몸을 움직일 수 없었으나 뇌-컴퓨터 인터페이스를 이식받은 후 생각만으로 컴퓨터 화면의 커서를 움직이는 데 성공했다.

2003년에는 니콜렐리스 교수와 뉴욕주립대학 존 채핀John Chapin 교수는 붉은털원숭이의 뇌에 700개의 미세전극을 이식해 생각하는 것만으로 로봇 팔을 움직이게 하는 데 성공했다. 2004년에는 도노휴 교수가 브레인게이트를 개발했다.

뇌졸중을 겪은 환자는 멀쩡히 생각하는 뇌와 아무 문제없는 몸을 갖고 있지만, 뇌의 명령을 몸으로 전달하지 못하기 때문에 자유롭게 움직이지 못한다. 뇌가 명령을 내리면 이 명령이 척수를 지나 신경을 타고 몸의 각 근육으로 전해져야 하는데, 이 경로가 손상되어 몸이 말을 듣지 않는 것이다.

도노휴 교수는 뇌 신호를 로봇 팔에 전달하기 위해 몸의 움직임을 주관하는 뇌의 운동중추에 알약 크기의 칩을 이식했다. 가느다란 전극 96개가 박힌 센서는 신경세포의 반응을 측정해 컴퓨터에 전달한다.

2008년 5월 피츠버그대학의 앤드루 슈워츠Andrew Schwartz 교수는 원숭이가 생각만으로 로봇 팔을 움직여 음식을 집어 먹도록 하는 데 성공했다. 원숭이 뇌의 운동 피질에 머리카락 굵기의 침을 꽂고 이것으로 측정한 신경 신호를 컴퓨터로 보내서 로봇 팔을 움직여 꼬챙이에 꽂혀 있는 과일 조각을 뽑아 입에 집어넣게 만들었다. 전신마비

환자가 생각만으로도 휠체어를 운전할 수 있는 기술도 실현되었다

2012년 획기적인 기술이 선보여졌다. 캐시 허친슨 Cathy Hutchinson은 1996년 뇌졸중으로 전신 마비가 되어 휠체어 신세를 지고 살았다. 팔다리를 움직이지도, 말을 하지도 못했는데 15년 만에 생각만으로 로봇 팔을 움직여 물병을 든 다음 빨대로 커피를 마셨다. 뇌에 이식한 특수 센서로 뇌 신경세포의 신호를 컴퓨터에 전달해, 뇌와 몸 사이의 끊어진 연결 고리를 다시 이은 결과였다. 운동중추에는 수백만 개의 신경세포가 있지만 기본이 되는 100여 개 신경세포의 신호만 포착하면 어떤 동작일지 대략 알 수 있다.

이 기술의 단점은 뇌의 신호를 무선 통신이 아니라 전선을 사용해 거대한 특수 컴퓨터에 전달하기 때문에 환자가 자유롭게 이동할 수 없다는 점이다. 하지만 공상으로만 여겨지던 '생각만으로 사물 움직이기'가 성공했다는 것은 큰 주목을 받았다.

—— 뇌-컴퓨터 인터페이스 2: 뇌파 분석

둘째 방법의 진전도 이에 못지않다. 1999년 독일의 신경과학자 닐스 비르바우머Niels Birbaumer는 목 아래가 완전히 마비된 환자의 두피에 전자장치를 두르고 뇌파를 활용해 생각만으로 1분에 2자 정도의 타자를 치게 하는 데 성공했다. 같은 해 니콜렐리스 교수와 채핀 교수는 케네디 박사의 환자가 컴퓨터 커서를 움직이던 것과 똑같은 방식으로 생쥐가 로봇 팔을 조종할 수 있다는 실험 결과를 내놓았다. 2000년에는 부엉이원숭이를 대상으로 실험에 성공했다. 원숭이 뇌에 머리카락 굵기의 가느다란 탐침 96개를 꽂고 원숭이가 팔을 움직일 때 뇌 신호를 포착해 로봇 팔을 움직이게 한 것이다. 신경세포의 신호를 인터넷으로 약 1,000킬로미터 떨어진 장소로 보내서 로봇 팔을 움직이는 실험에도 성공했다.

오스트리아의 기업가 크리스토프 구거Christoph Guger는 생각만으로 글을 쓰는 뇌-컴퓨터 인터페이스를 개발했다. 기술 자체는 매우 간단하다. 전극 8개가 연결된 특수 장비를 머리에 쓰고 화면에 지나가는 알파벳을 보고 있으면, 원하는 글자가 나타날 때 뇌에서 발생하는 15마이크로볼트의 전류를 컴퓨터가 감지해 알파벳을 선택하는 것이다. 베를린공과대학에서는 오른쪽 혹은 왼쪽을 생각하는 것만으로 핀볼 게임기의 좌우 레버를 움직일 수 있는 시스템을 개발했다. 세빗CeBIT에서는 장애인이 생각만으로 휠체어를 움직이고, 키보드를 누르지 않고 생각하는 것만으로 모니터에 글자를 입력하는 장비들을 선보였다.

2009년 스페인과 일본에서 생각만으로 움직이는 휠체어가 개발되었다. 스페인에서 개발된 휠체어는 사용자가 전극 16개가 달린 두건을 쓰고, 일본에서 개발된 휠체어의 사용자는 전극이 5개 달린 두건을 쓴다. 두건의 뇌파 측정 장치는 생각할 때 변화하는 뇌파를 포착한다. 이 신호를 받은 컴퓨터는 환자가 어떤 동작을 생각하는지 판단해 휠체어의 모터를 작동시킨다.

2018년 사망한 스티븐 호킹Stephen Hawking 박사는 루게릭병으로 손가락 움직임을 이용한 전기 장치를 통해서만 외부와 소통했다. 그러나 건강이 악화하면서 이마저 어려워져, 얼굴 근육과 눈동자의 미세한 움직임을 이용하는 장치에 의존했다. 스탠퍼드대학 연구진은 호킹 박사의 뇌파를 읽어내 외부와 의사소통할 수 있게 만드는 장치인 아이브레인iBrain을 개발했다. 아이브레인은 신경전달물질이 들어 있는 밴드와 뇌파를 판독하는 컴퓨터로 구성된다. 사용자가 밴드를 머리에 쓰고 특정한 생각에 집중하면, 뇌에서 그 생각에 해당하는 전기신호가 발생해 컴퓨터에 전달하는 방식이다.

—— 뇌-컴퓨터 인터페이스 3: 기능적 자기공명영상

셋째 방법도 진전을 보이고 있다. 2012년 최초로 기능적 자기공명영상 사용 기술이 실험에 성공했다. 이스라엘과 프랑스 공동 연구진은 이스라엘의 기능적 자기공명영상 장치에 누워 있는 대학생의 뇌 활동을 촬영한 영상을 분석해 로봇 작동 프로그램을 만들었다. 이 프로그램은 인터넷을 통해 프랑스에 있는 로봇에 전달되었다. 대학생은 생각만으로 로봇을 움직이는 데 성공했다.

지금까지 개발된 기술은 〈스타워즈〉에서 생각만으

로 우주선을 움직이는 것처럼 자유자재로 활용할 수 있는 정도는 아니다. 그러나 앞으로 기술이 더 발전한다면 상상할 수 없는 일들이 가능해질 것이다.

하버드대학 유승식 교수는 컴퓨터의 키보드를 눌러 실험용 쥐의 다리를 움직이는 데 성공했다. 중요한 것은 쥐 몸에 전선 하나 붙어 있지 않았다는 것이다. 유승식 교수는 다리를 움직이는 상상을 할 때 발생하는 뇌파를 컴퓨터에 입력하고, 컴퓨터에 연결된 초음파 발생기를 통해 쥐의 다리 운동을 담당하는 뇌 부위를 자극했다. 이 기술의 목적은 건강한 사람의 뇌 신호를 환자의 뇌에 전달해 만성 통증이나 우울증 같은 질환을 치료하는 것이다.

뇌-컴퓨터 인터페이스는 뇌-컴퓨터 연결 기술을 거쳐, 컴퓨터에 입력된 뇌파를 다시 인간의 뇌에 전하는 컴퓨터-뇌 인터페이스CBI, Computer Brain Interface 단계로 발전하고, 이어서 뇌와 뇌가 연결되는 뇌-뇌 인터페이스BBI, Brain Brain Interface로 발전할 것으로 예상한다. 영화 〈아바타〉에서 주인공이 생각만으로 아바타를 자기 몸처럼 움직이게 한 것이 실현될 수도 있다. 〈아바타〉와 같은 세상이 실제로 펼쳐지면 가상 세계가 현실을 점차 대체하게 될 것이고, 현실과 가상현실을 구분하는 것이 불가능하게 될 지도 모른다. 그런 세계에서는 인간의 의식이 다른 개체로 이동하는 것도 가능하다.

커즈와일 박사의 예상은 이런 기술을 확장한 것이라 볼 수 있다. 미래의 어느 날에는 뇌 스캐닝으로 사람의 뇌를 컴퓨터에 보관할 수 있게 될 것이다. 두뇌 확장 장치와 생각 송수신 장치가 개발되면 한 사람의 생각을 다른 사람의 두뇌에 전달하고 이를 저장하거나 공유할 수도 있다.

—— 뇌를 복사할 수 있을까?

인간은 태어난 이상 시간이 경과함에 따라 점차 늙고 결국 죽는다. 이는 노화가 한 방향으로 이루어지기 때문이다. 또한 신체의 다양한 조직과 기관은 아날로그시계의 부속품처럼 움직인다. 시계의 어떤 부속품은 빠르게 움직이고 어떤 부속품은 느리게 움직인다. 그 움직임들이 합쳐져 최종적으로 정확한 시각을 알려주는 것처럼 인체의 조직과 장기도 서로 다른 생물학적 나이를 나타낸다. 노화율은 세포, 조직 또는 기관마다 다르게 나타나기 때문이다. 사람에 따라 젊게 보이거나 늙게 보이는데, 서로 다른 노화 과정이 서로 다른 비율로 일어나기 때문이다.

노화는 단순히 시간의 경과를 의미하는 것이 아니라 일생을 통해 일어나는 생물학적 현상이다. 즉 노화는 나이와 관계없이 점점 늙어가는 정상적인 과정으로, 노인에게만 해당되는 것이 아니라 성장 후 죽음에 이르는 모든 과정이라는 것이다.

많은 이가 노화를 피하고자 했으나 눈부신 의학의 발전에도 불구하고 아직까지 누구도 노화를 막지 못하고 있다. 버나드 스트렐러Bernard Strehler는 25세에서 30세가 지나면 매년 약 1퍼센트의 비율로 신체의 각 기능이 약화된다고 추산했다.

그래서 인류는 죽음 이후의 삶에 관심을 가져왔고, 인간의 본질은 영혼이라고 믿어왔다. 사람들은 과거부터 인격이 뇌 속에 들어 있을 것이라고 생각했다. 뇌는 수많은 뇌세포로 이루어져 있으며 생각하거나 감정을 느낄 때 그 사이에 약한 전기가 발생한다. 그리고 육신이 죽으면 뇌 속에 전기가 흐르지 않으면서 개인의 생각이나 감정, 기억, 인격이 영원히 사라진다.

그런데 과학이 상상할 수 없을 정도로 발전하면서 과학자들은 인간의 뇌 활동을 구체적으로 이해하면 이를 토대로 인간의 두뇌를 무한히 활용할 수 있을 것이라고 생각하게 되었다. 인간의 생각과 기억은 뇌에서 이루어지며, 뇌에서는 약한 전기가 발생한다. 이 전기를 정확하게 분석해 조작할 수 있다면 생각과 기억을 재생할 수 있을지도 모른다는 것이다. 이는 뇌 속에 있는 정보를 다른 곳에 저장할 수 있다는 아이디어로 발전한다. 뇌와 컴퓨터를 연결해서 컴퓨터를 제2의 기억장치로 쓸 수 있다는 것이다. 그렇게 된다면 뇌를 복사할 수도 있게 된다.

학자들이 구상하는 뇌 저장은 다음과 같다. 컴퓨터로 뇌의 바깥쪽부터 세포의 정보를 읽는다. 뇌의 바깥 부분에 담긴 정보를 다 저장하면 뇌의 바깥층을 분리하고 새로운 층의 정보를 저장하면서 안으로 넘어간다. 그렇게 해서 한 사람의 본질을 이루는 모든 것을 디지털화하는 것이다. 그렇게 할 수 있다면 저장된 기억은 수백 년 동안 보존하고 활용할 수 있다. 이 아이디어의 백미는 어떤 오지, 혹은 우주 공간이라도 인격체가 들어갈 수 있는 로봇이 있다면 자신의 복사판을 보낼 수 있다는 점이다.

이런 일이 실제로 벌어진다면 인간에게 죽음이라는 것은 영원히 사라질 것이다. 또한 모든 인격체가 계속 업그레이드되어 믿을 수 없을 정도의 교양과 지능을 갖춘 존재로 거듭날 수도 있다.

하지만 극복이 요원해 보이는 몇 가지 문제도 있다. 우선 저장 문제다. 60킬로그램의 인간이 약 10^{28}개의 원자로 구성되어 있다고 할 때 1킬로그램의 두뇌에 있는 원자는 대략 10^{26}개라고 간주할 수 있다. 이는 원자 10^{26}에 해당하는 정보를 저장해야한다는 것을 의미한다. 대략 원자 하나에 1킬로바이트가 필요하다고 하면 한 사람당 약 10^{26} 킬로바이트가 필요하다. 참고로 현재 지구상에 있는 책을 모두 모아도 10^{12}킬로바이트 정도밖에 되지 않는다고 한다. 10^{26}킬로바이트는 16테라바이트 외장 하드 1개의 높이를 1센티미터라고 간주할 경우 100킬로미터 높이가 되는 어마어마한 정보량이다.

앞으로 저장 장치의 저장 용량이 기하급수적으로 증진되어 인간의 정보를 어떻게든 저장하는 데 성공한다면 다음은 정보를 목표하는 곳까지 전송하는 것이 문제다. 과학이 발전해 1초에 1,000기가바이트의 정보를 전송할 수 있다면, 인간 한 명에 해당하는 정보를 전송하는 데 2억 년이 걸린다. 당분간 두뇌에 있는 정보를 저장할 생각은 포기하는 것이 좋다는 뜻이다.

—— 텔레파시로 소통할 수 있다면?

니콜렐리스 교수는 2011년 『뇌의 미래』에서 앞으로 몇십 년 안에 사람의 뇌와 각종 기계장치가 연결된 네트워크가 실현될 것이라고 전망했다. 인류는 생각만으로 제어되는 자신의 아바타를 이용해 원자력발전소, 심해, 우주처럼 접근 불가능하거나 위험한 환경에서 임무를 수행할 수 있다는 것이다.

뇌-컴퓨터 인터페이스가 완벽하게 실현되어 몸의 경계를 넘어서게 되면 인류는 상상 이상의 자유를 누리게 될 것이다. 예를 들어 타이거 우즈의 뇌에 저장된 스윙 노하우를 초보 골퍼의 뇌에 전달해 초보도 타이거 우즈처럼 스윙할 수 있게 될지 모른다.

군대 역시 이 기술에 관심을 기울이고 있다. 미 국방부 산하 연구 기관인 국방첨단연구기획청DARPA은 군사의 뇌에 칩을 심어 두려움을 없애거나 시각과 청각을 강화하는 방법을 연구 중이다. 뇌-컴퓨터 인터페이스 전문가들은 비행기 조종사들이 생각만으로 비행기를 조종하게 될 것이라고 전망했다. 2009년 버락 오바마 전 미국 대통령이 취임 직후 일독해야 할 보고서 목록에 포함되었던 『2025년 세계적 추세Global Trends 2025』에도 6대 기술 중 하나로 뇌-컴퓨터 인터페이스 기술이 적용된 무인 군사 차량이 거론되었다.

인간의 운동중추 중 기본이 되는 100여 개 신경세포의 신호를 포착하면 실행하려는 동작을 추정할 수 있다. 게다가 뇌는 전기신호를 통해 정보를 전달하는데, 이는 컴퓨터의 이진법과 같은 원리다. 한마디로 뇌는 컴퓨터와 속성이 같다는 것이며, 이는 뇌와 컴퓨터가 연결될 수 있으리라는 예상을 가능하게 한다.

소설가 베르나르 베르나르Bernard Werber는 이와 관련해 흥미로운 예언을 했다. 우선 인간이 만든 인공지능은 사랑과 예술과 같은 고도의 지적 표현을 할 수 없다고 단언했다. 인간과 인공지능을 구분하는 것은 감정인데 로봇이 과연 인간처럼 유머·사랑·예술을 할 수 있겠냐는 것이다. 농담할 수 있는 능력, 순수한 사랑과 미를 추구하는 예술은 논리로는 설명되지 않는다는 것이다. 한마디로 인간의 뇌를 과학으로 분석하더라도 인간의 감정은 따라잡을 수 없다는 것이다. 반면 인간의 뇌에는 무한한 잠재력이 있어서 미래에는 텔레파시로 소통할 수 있을 것이라고 예측했다. 인공지능만 진화하는 것이 아니라 인간 지능 역시 발전한다는 것이다.

텔레파시가 인간의 뇌파를 전달하는 것인지는 명확하지 않지만, 인간의 뇌파로 어떤 물체를 움직이는 데 성공한다면 인간의 뇌파를 증폭시키는 기계를 만들어 먼 곳에 있는 사람에게 정보를 제공할 수 있을지도 모른다.

그렇게 해서 인류가 영생을 얻는다고 하면 이에 따라 여러 새로운 문제가 생길 것이다. 우선 인구 문제는 어떻게 해야 할까? 또한 인구 증가에 따른 식량은 어떻게 해결해야 하고 주거 문제와 에너지 문제는 어떻게 해야 할까? 이런 문제들을 어찌어찌 해결한다고 해도 인간은 무엇이냐는 정체성 문제가 남는다.

3 자율 주행 자동차

── 자율 주행의 5단계

제4차 산업혁명 시대를 맞아 세계 각국에서 자율 주행 자동차 개발에 박차를 가하고 있다. 자율 주행 자동차에 관한 관심이 높은 데는 여러 이유가 있지만 무엇보다 연간 130만 명이 자동차 사고로 사망하고 있다는 것이 꼽힌다. 이 가운데 90퍼센트는 운전자 과실에 의한 것이다. 운전자의 과실을 줄일 수 있다면 자율 주행 자동차 개발에 큰 명분과 경제적으로 긍정적인 결과를 가져올 수 있다. 연료를 적게 쓰도록 프로그래밍할 수 있기 때문에 에너지 비용도 20~40퍼센트 줄일 수 있다.

자율 주행 자동차 아이디어는 오래전부터 있었다. 1920년대 프랜시스 P. 후디나Francis P. Houdina가 무선으로 작동하는 자동차를 개발했는데 이 자동차는 완전 자율 주행이 아니라 뒤차가 앞차를 조종하는 방식이었다. 1950년 대에 RCA 연구소가 실험실 바닥의 패턴을 따라 움직이는 소형 자동차를 개발했고, 1960년대 오하이오주립대학은 도로에 새겨진 전자장치로 주행하는 무인 자동차 개발에 도전했으며, 1980년대 카네기멜런대학에서 실험용 자율 주행 자동차를 개발했다. 이 자동차는 신호등이 없는 거리에서 시속 63킬로미터의 속도를 낼 수 있었다.

자율 주행 자동차가 세계의 이목을 끌자 미국 도로교통안전국이 첨단 운전자 지원 시스템ADAS 가이드라인을 발표했다. 이 가이드라인은 5단계로 나뉜다.

1단계: 자동긴급제동장치AEB나 정속주행장치ACC 같은 자동 보조 시스템의 도움을 받아 사람이 운전하는 단계다.

2단계: 1단계 기능을 바탕으로 여러 가지 기능이 추가된 단계다. 핸들 조작을 일부 자동화할 수 있고, 고속도로에서 차선 유지 등을 할 수 있지만, 아직은 운전자의 개입이 필요하다.

3단계: 1단계와 2단계의 기능을 포함하면서 자동화 시스템이 가능한 자동차를 의미한다. 자동으로 운전하기 때문에 운전자가 개입할 필요가 없지만, 긴급 상황이 발생할 때 브레이크나 핸들 조작은 운전자가 책임져야 한다.

4단계: 4단계부터 본격적인 자율 주행이라 할 수 있다. 4단계는 모든 주행을 자동 주행 시스템이 자율적으로 판단해 주행한다. 사람은 목적지 입력에 관여할 수 있고 수동 조작 옵션을 선택할 수 있다.

5단계: 운전자가 전혀 개입하지 않고, 자율 주행 시스템만으로 도로를 주행하는 자동차다. 사람은 운전대에서 완전히 손을 떼고, 액셀러레이터와 브레이크에도 발을 올리지 않는다.

궁극적인 자율 주행 시스템인 5단계로 진화하려면

자동차 외에도 모든 도로망의 스마트화, 클라우드 서비스 제공 등 인프라 조성이 필요하다. 이 가이드라인을 고려할 때 전문가들은 현재의 자율 주행 기술은 2단계에서 3단계로 이동 중이라 진단한다.

—— 전기 자동차의 장점

자율 주행 자동차 개발에 도전하는 회사들의 개발 방향과 기술은 각기 다르지만, 큰 틀에서 전기 자동차를 기본으로 한다. 전기 자동차는 디젤, 가솔린, 액화가스로 엔진을 가동하는 내연기관 자동차가 아니라 배터리와 모터로 구동하는 자동차를 말한다. 전기 자동차는 계기판을 스마트폰이나 태블릿 PC로 사용할 수 있고 내연기관에서 사용하는 기어가 필요 없다.

전기 자동차는 화석연료를 사용하지 않으므로 환경오염의 주범인 이산화탄소를 비롯한 공해 물질을 배출하지 않는다. 또한 내연기관 자동차보다 저렴하게 운용할 수 있다. 내연기관 자동차의 핵심 부품인 엔진, 변속기, 연료 공급 장치, 배기 장치 등이 탑재되지 않아 이 장치에 들어

가는 소모품의 주기적인 교환이 필요 없기 때문이다. 전기 자동차는 엔진을 사용하지 않는 대신 각각의 바퀴에 연결된 모터가 바퀴를 구동하므로 배터리에서 각각의 모터로 전기를 전달해주기만 하면 된다. 그래서 많은 에너지가 들지 않는다. 일반적으로 내연기관의 효율은 30퍼센트 정도인데 전기모터의 효율은 90퍼센트나 된다.

—— 전기 자동차의 등장과 실패

과거 전기 자동차가 많은 장점에도 대중화되지 못했던 것은 내연기관 자동차에 밀려 시장 석권에 실패했기 때문이다. 20세기 초만 해도 증기 자동차, 전기 자동차, 가솔린 자동차가 삼파전을 벌였다. 당시 가솔린 자동차가 다른 자동차를 능가할 것이라고 장담하는 사람은 거의 없었다. 1900년 미국에서 4,192대의 자동차가 생산되었는데, 그중 1,681대는 증기 자동차였고 1,575대는 전기 자동차였으며 936대만 가솔린 자동차였다. 증기 자동차가 40.1퍼센트, 전기 자동차가 37.6퍼센트를 차지했던 반면, 가솔린 자동차는 22.3퍼센트에 불과했던 것이다.

20세기 초까지 가장 열렬한 사랑을 받았던 것은 증기 자동차였다. 당시의 증기기관은 이전과는 달리 크기가 작아지고 출력이 향상되었으며 강철 부속으로 정밀하게 제작되었다. 증기 자동차는 구입비와 유지비가 매우 저렴했으며, 엔진이 강력해 어떤 도로에서도 운행할 수 있었다. 스탠리 증기 자동차는 1899년 최초로 워싱턴산의 정상에 올랐으며, 1906년에는 플로리다 자동차 경주에서 시속 205킬로미터라는 속도를 선보였다.

그러나 증기 자동차에도 몇몇 약점이 있었다. 증기 자동차는 보일러, 증기기관, 연료, 물 등으로 이루어져 있어 매우 무거웠다. 또한 증기는 증발하면 다시 사용할 수 없기 때문에 약 50킬로미터마다 물을 다시 공급해야 했다. 더욱 심각한 문제는 시동을 걸려고 증기를 발생시키는 데 30분 정도의 시간이 소요된다는 점이었다. 비록 보일러가 지속적으로 개량되어 증기 발생 시간이 단축되긴 했지만 문제가 완전히 해결되지는 않았다.

전기 자동차의 장점은 소음과 냄새가 없으며 매우 안락하고 깨끗하다는 점이었다. 그리고 구조가 간단해 운전이 편리하고 유지와 정비가 쉬웠다. 전기의 현대적 이미지 덕분에 대중의 기대도 높았다. 그러나 전기 자동차는 속도가 느렸으며 가파른 언덕을 오를 수 없었고, 구입비와 운행비가 만만치 않았다. 가장 치명적인 약점은 충전이었다. 납과 산으로 이루어진 무거운 배터리를 약 50킬로미터마다 충전해야 했다. 전기 자동차는 장거리 운행에 적합하지 않았고, 주로 대도시 지역의 백화점이나 세탁소에서 배달하는 데 사용했다.

초기의 가솔린 자동차도 약점이 많은 불편한 기계였다. 가솔린 자동차는 속도 조절 장치, 냉각 장치, 밸브, 기화 장치 등이 복잡하게 연결되어 있어 고장이 잦은 데다 유지와 정비도 쉽지 않았다. 가솔린 자동차를 가동하려면 정교한 손동작과 근력이 필요했다. 장점을 보면, 가솔린 자동차는 증기 자동차와 마찬가지로 대부분의 언덕을 오를 수 있었고, 증기 자동차보다 효율이 약간 떨어지긴 하지만 매우 빠른 속도로 도로를 주행할 수 있었다. 가솔린 자동차가 가진 최대의 장점은 일단 시동을 걸기만 하면 연료의 추가적인 공급 없이도 100킬로미터 이상을 달릴 수 있다는 점이었다.

　가솔린 자동차가 삼파전에서 승리한 데는 여러 배경이 얽혀 있다. 당시 존 D. 록펠러John D. Rockefeller가 미국 석유 시장의 90퍼센트 이상을 장악하고 있었다. 가솔린 자동차의 보급은 석유 판매를 촉진할 창구였다. 록펠러의 활약으로 증기 자동차와 전기 자동차의 세력이 약해졌는데 여기 헨리 포드Henry Ford가 결정적인 계기를 가했다. 포드는 모델 A, B, C, F, N, R, S, K를 설계한 후 이 모델들의 장점을 결집한 모델 T를 내놓았다.

　모델 T는 1908년 출시되자마자 폭발적인 인기를 누렸다. 모델 T는 무게가 550킬로그램에 불과하면서도 4기통 엔진으로 20마력의 강력한 힘을 냈다. 게다가 발로 조작하는 2단 변속기가 있어서 운전이 그렇게 어렵지 않았다. 무엇보다도 가격이 저렴했다. 컨베이어 벨트로 연결된 조립 라인이 생산력을 비약적으로 높였기 때문이다. 이제 일반 노동자도 마음만 먹으면 어렵지 않게 자동차를 구매할 수 있게 되었고 미국 사회는 1920년대에 자동차 대중화 시대에 돌입했다.

가솔린 자동차의 승리에는 록펠러의 또 다른 계획이 있었다고 한다. 가솔린 자동차는 화석연료를 연소해 동력을 얻으므로 열이 발생한다. 이 열을 냉각시키는 것이 가솔린 자동차의 핵심이다. 그런데 냉각 장치를 가동시키려면 많은 부속품이 필요하다.

록펠러는 미국의 자본가들에게 가솔린 자동차를 보급하면 자동차 제조는 물론 정비에 수많은 사업 기회가 생길 것이라고 설득했다. 반면 전기 자동차는 가동에 필요한 부속품이 매우 적다. 학자들은 전기 자동차 시대가 되면 정비소가 적어도 절반은 사라질 것이라고 하는데, 록펠러가 일찍이 그 점을 지적한 것이다. 일자리의 증가는 정부에게도 반가운 일이기 때문에 가솔린 자동차가 힘을 얻을 수밖에 없었고, 그렇게 100년 이상 가솔린 자동차의 세상이 되다 보니 화석연료 고갈이라는 에너지 위기가 등장한 것이다. 그리고 이에 대한 대안으로 전기 자동차가 급부상했다.

—— 자율 주행 자동차 경쟁

전기 자동차는 무인 자동 시스템으로 자율 주행이 가능하다는 것이 큰 장점으로 꼽힌다. 때문에 전통적인 자동차 회사들뿐 아니라 IT 기업들도 전기 자동차 시장에 뛰어들고 있다.

세계 정보 시장을 선도하고 있는 구글은 무인 자동차로 사업의 다변화를 꾀했다. 구글이 개발한 무인 자동차는 완전 전기 자동차로 2인승이며 최고 속도는 시속 40킬로미터, 주행 가능 거리는 160킬로미터다.

구글은 2010년 자동차가 스스로 운행하고 사람은 운전대 앞에 있다가 사고가 일어날 조짐이 있으면 통제에 나선다는 계획안을 내놓았다. 그런데 2013년 이후 개발 방향을 바꾸었다. 구글은 직원들에게 출퇴근용으로 자율 주행 자동차를 제공하고 차 안의 비디오카메라로 모니터했다. 그 결과 운전석에 앉은 사람이 잠에 드는 등 운전에 집중하지 않는 사실을 발견했다. 운전자가 빠르게 위기를 감지해 반사적으로 대응하는 것이 불가능하다는 것을 깨닫고 계획을 변경한 것이다.

구글의 자율 주행 자동차는 운전대는 물론 액셀러레이터와 브레이크가 없으며 출발 버튼만 누르면 스스로 운행한다. 무인 자동차의 핵심은 GPS 수신 장치와 운전자의 눈 역할을 하는 레이저 센서다. 지붕에 탑재된 라이더 LiDAR라는 센서는 레이저를 발사해 반경 200미터 이내의 장애물 수백 개를 동시에 감지하는데, 360도 회전하면서 1초에 160만 번 정보를 읽는다. 운전석 앞에 달린 방향 센서는 자동차의 주행 방향과 움직임을 감지한다. 운전자의 두뇌에 해당하는 중앙 컴퓨터는 센서들이 수집한 정보를 바탕으로 브레이크를 밟을지, 속도를 줄일지, 방향을 바꿀지 판단한다. 범퍼에 장착된 레이더는 앞에서 달리는 차량이나 장애물을 인식해 속도를 조절하므로 교통사고를 예방할 수 있으며 교통 체증도 현저하게 줄어든다.

일찍부터 무인 자동차 개발에 뛰어든 테슬라의 자율 주행 자동차 모델 D는 세계 최초로 자율 주행 인공지능을 구현하는 슈퍼컴퓨터 드라이브DRIVE PX 2를 장착했는데 1초에 최대 24조 회에 달하는 작업을 할 수 있다. 테슬라 자동차의 특징은 자동차가 운전자를 돕는 기능을 확대하는 것으로, 운전자 자체를 대체하는 것은 아니라는 점이다. 운전자는 기존 자동차를 운전할 때처럼 운전석에 앉아야 하며 운전대를 잡지 않지만 손을 항상 운전대나 근처에 두어야 한다. 자율 주행 자동차의 기본에서 벗어난다고 지적하는 사람도 있지만, 이는 교통사고 발생 '0'를 기본으로 하기 때문이다. 많은 사람이 테슬라의 자율 주행 자동차를 긍정적으로 평가하는데, 운전하기 쉬운 데다 피로를 느끼지 않는다는 편리성 때문이다. 여전히 주의는 해야 하지만, 과거처럼 운전대를 꽉 잡고 긴장하며 운전하지 않는다는 것이 큰 이점이다.

테슬라의 이런 정책은 자율 주행 자동차의 문제점을 직접 겪은 결과다. 2016년 미국 플로리다주 고속도로에서 조슈아 브라운이라는 남성이 오토파일럿autopilot 기능을 이용하다 트레일러와 충돌하면서 사망했다. 사고 당시 하늘과 흰색 트럭이 겹치면서 자율 주행 컴퓨터가 트레일러의 색을 인식하지 못했고, 그 결과 브레이크가 걸리지 않았다. 운전자가 너무 자동차의 성능을 믿었기 때문에 발생한 사고였다. 이 문제는 매우 큰 파장을 일으켰다. 미국 도로교통안전국NHTSA은 테슬라 자동차의 안전 결함은 발견되지 않았다고 발표했으나 자율 주행 자동차의 위험성을 세계에 알린 사건이었다.

이런 문제를 해결하기 위해 자율 주행 자동차 기업들은 V2VVehicle-to-Vehicle 기술을 도입했다. 자동차와 자동차 간의 충돌 방지를 위해 상호 정보를 교환하는 기술이다. 학자들은 자율 주행 자동차들이 위치와 속도, 그리고 방향 등의 정보를 1초에 10차례 가량 주고받을 수 있게 되면, 자동차 사고로 인한 인명 피해를 80퍼센트 정도 줄일 수 있다고 전망한다.

폭스바겐은 2025년을 목표로 완전 자율 주행 자동차를 개발하고 있다. 큰 틀에서 자율 주행 자동차는 인간과 자동차가 디지털 플랫폼을 통해 연결되는 것을 의미한다. 폭스바겐은 폭스바겐 에코 시스템이라는 디지털 플랫폼으로 폭스바겐 유저가 언제 어디서든 개인화된 정보를 폭스바겐의 어떤 차량에든 간편하게 설정할 수 있도록 한다. 폭스바겐은 3D 디지털 콕핏, 아이트래킹eyetracking, 증강 현실 헤드업 디스플레이 등과 같은 직관적인 미래형 컨트롤러 기능도 채택했다. 특히 아이트래킹은 터치와 제스처 컨트롤로 자동차의 기능이 얼마나 빠르고 쉽게 운영될 수 있는지 보여준다.

인터넷 기업 네이버도 자율 주행 자동차에 거액을 투자하고 있다. 네이버는 자율 주행 로봇 M1, 인공 신경망 번역 파파고, 자율 주행 자동차 등을 개발했다. 네이버는 다른 기업과 비교해 파격적으로 많은 연구비를 투자하고 있다고 한다.

현대자동차를 비롯해 메르세데스 벤츠, 혼다, 제너럴모터스 등도 무인 자동차를 개발에 총력을 기울이고 있다. 이들의 자율 주행 기술은 구글보다 떨어지는 수준이지만, 반자동 주행 수준인 3단계 과정은 넘어섰다는 평가를 받고 있다. 현대자동차는 평창 동계 올림픽을 계기로 수소 전기차로 서울과 평창 간 고속도로 약190킬로미터를 자율 주행하는 데 성공했다. 수소 전기차로 자율 주행 기술을 선보인 것은 세계에서 처음이다.

이 시연은 미국자동차공학회SAE 기준 4단계 자율 주행 기술을 갖춘 자율 주행 자동차 3대와 제네시스 G80 자율 주행 자동차 2대로 진행했다. 5대의 자율 주행 자동차는 경부고속도로 하행선 만남의 광장 휴게소에서 출발해 신갈 분기점을 거쳐 영동고속도로를 통해 대관령 인터체인지를 빠져나와 최종 목적지인 대관령 톨게이트에 도착했다. 이 과정에서 고속도로의 교통 흐름에 따른 차선 유지와 변경, 전방 차량 추월 등을 해내고 터널 7개, 톨게이트 2곳, 인터체인지, 분기점 등을 무사히 통과했다. 자율 주행 자동차가 복잡한 도로를 지능적으로 통과하고 자동차와 도로의 위치를 정확하게 계산해 제어했으며, GPS 신호가 끊어지는 터널에서도 문제없이 운행했다는 뜻이다.

—— 바뀌는 운전의 개념

자율 주행 자동차가 성공적으로 대중화되면 앞으로는 운전이라는 개념이 원천적으로 바뀌게 될 것이다. 운전은 기계나 자동차를 움직인다는 의미이며, 조작의 개념도 포함한다. 그런데 4차 산업혁명 시대에는 자동차를 조작할 필요가 사라질 수 있다. 탑승자가 운전자가 되지 않아도 된다는 것이다.

세계 각지에서 자율 주행 자동차 개발에 매달리고 있지만 자율 주행 자동차 운행은 자동차 개발로만 끝나는 것이 아니다. 학자들은 무인 차량만 통행할 수 있는 도로를 만들거나 기존의 도로를 무인 차량용으로 바꾸어야 비로소 자율 주행 자동차가 정착될 것이라고 주장한다.

이와 같은 기술의 진전은 미국 오하이오주에서 선보인 스마트 로드smart road로 이어진다. 도로 전체를 정보화해 비나 눈, 교통 체증 같은 도로 상황을 실시간으로 서버에 전달하고, 정확한 상황 분석을 통해 도로를 통제한다. 전문가들은 스마트 로드로 자율 주행 자동차의 속력을 높이고, 차량 간 간격을 최소화하면서 차량 운행 대수를 늘리며, 시간과 연료를 절약할 수 있다고 주장한다. 경찰 관계자는 무인 자동차가 스마트 로드를 달릴 경우 사고율을 94퍼센트 줄일 수 있다고 예상한다.

자율 주행 자동차는 도시의 기동성mobility을 높일 수 있다. MIT의 카를로 래티Carlo Ratti 교수는 현재 도시의 자동차가 거의 놀고 있다고 주장한다. 차량을 운행하는 시간은 5퍼센트에 불과하고 나머지 시간은 주차장 등에 세워

놓고 시간과 공간을 허비한다는 것이다. 자율 주행 자동차가 보급되면 자동차를 놀리는 일은 줄어들 것이다. 직장인을 출·퇴근시킨 자율 주행 자동차가 주차장에 세워지는 대신 다른 곳으로 이동해 정차 없이 운행할 수 있다는 것이다. 자율 주행 자동차를 활용한 카 셰어링car sharing이 활성화되면 개인 차량과 공용 차량 간의 경계선이 무너지고, 결과적으로 자동차가 지금의 약 20퍼센트 정도로 줄어들 수 있다는 추정이다.

구글이 세계 최고의 미래학자로 선정한 토머스 프레이Thomas Frey 다빈치연구소 소장은 전 세계 263개 기업이 자율 주행 자동차 산업에 사활을 걸고 있다는 데서 자율 주행 자동차의 잠재력을 볼 수 있다고 말했다. 특히 자율 주행 자동차 전용 도로가 건설되면 발전 속도가 더 빨라질 것이라며 자율 주행 자동차 1대가 일반 자동차 30대의 역할을 할 것이라고 예견했다.

개인 소유 차량이 감소하면 도시의 교통난이 해결되는 동시에 넓은 주차장이 필요 없어지고 그 자리에 공원이나 주택을 지을 수 있게 된다. 무인 기술로 도로 교차점도 차례로 사라지므로 차량을 세우는 일 없이 계속적인 운행도 가능해질 것이다.

―― 카 셰어링

스마트폰은 4차 산업혁명의 중요한 축이다. 단순한 휴대용 전화기에서 인터넷에 접속할 수 있는 온라인 단말기가 되면서 휴대전화는 새로운 개념의 정보 통신 기기로 변화했다. 자동차 산업도 스마트폰의 영향을 받아 획기적으로 변화했다.

대표적인 것이 우버의 등장이다. 우버는 스타트업으로 등장해 기존의 차량에 관한 개념을 흔들어놓았다. 우버는 개인의 차량이나 공유 차량을 승객과 연계시켜주고 여기서 발생하는 요금의 일부를 취한다. 우버의 핵심은 소유에서 공유 경제로의 전환이다.

우버는 피츠버그에서 세계 최초로 자율 주행 택시를 상용화했다. 기존 자율 주행 자동차 업체는 대부분 임직원을 대상으로 시험 서비스를 했는데, 우버는 200여 대의 자율 주행 택시를 일반 승객 대상으로 서비스했다.

우버가 자율 주행 기술 개발에서 앞서나갈 수 있는 것은 세계 78국 600여 도시에 있는 7,500만 명 이상의 이용자와 방대한 지도 데이터 덕분이다. 우버는 자율 주행 자동차를 운행하기 위해 꼭 필요한 초정밀 지도를 구축했다. 이는 약 200만 명이 넘는 우버 운전자가 40억 회 이상 주행하면서 주행 정보를 실시간으로 업데이트한 결과다.

우버는 단순히 자율 주행 택시로 기존 택시를 대체하는 것이 목표가 아니다. 우버는 궁극적으로 개인 소유의 자동차를 공유 자동차로 바꿔 미래 교통에 큰 영향을 미칠 것으로 예상한다.

가장 낙관적인 전망에 따르면 2030년에는 자율 주행 자동차 시장이 2,672조 원 규모에 달할 것이라고 한다. 때문에 우버뿐 아니라 전 세계의 자동차 업계와 IT 업체들도 자율 주행 택시에 뛰어들고 있다. 중국 1위 차량 공유 업체인 디디추싱 역시 자율 주행 택시를 개발하고 있다는 점에서도 그 기세를 알 수 있다.

자율 주행 자동차의 성공과 스마트폰의 대중화는 공유 경제를 활성화하고 있다. 시간과 장소, 소유에 얽매이지 않고 자유롭게 자동차를 활용할 수 있는 새로운 교통 시스템이 등장한 것이다. 앞으로는 셰어링, 렌트, 리스의 개념이 하나로 통합될 것이라는 전망도 나왔다. 이제는 차량을 소유하지 않고 '좌석' 이용권만 구입해도 된다는 뜻이다. 차량의 유통 형태도 자동차 제작사와 대리점, 소비자로 이어지는 구조에서 공유 서비스 업체가 완성차를 매입해 대여하는 형태로 변화할 것이라고 한다.

━━━ 자율 주행 자동차가 해결해야 할 과제

자율 주행 자동차의 가장 큰 문제점은 자동차의 성능 여부와는 전혀 관계가 없는 곳에서 드러나고 있다. GPS를 예로 들어보자. 주변을 잠깐 살펴보기만 해도 틀린 길로 가고 있다는 것을 알 수 있는데도 내비게이션이 알려주는 잘못된 길을 무작정 따라가기 일쑤다. 내비게이션에만 의존하다가 곤란한 일을 겪기도 한다. 자율 주행 자동차는 각종 센서에서 입수한 정보를 인공지능으로 처리하므로 언제나 상황을 객관적으로 파악한다. 그런데도 사고를 모두 막을 수는 없다. 반대편 차선에서 갑자기 차가 중앙선을 넘어오거나 어린아이가 갑자기 도로에 뛰어들면 인공지능은 어떻게 판단할 것인가?

주행 중 사고로 탑승자 1명의 목숨이 위험하게 되었는데, 이를 피하려고 핸들을 돌리면 보행자 여럿이 차에 치여 숨질 수 있는 상황일 때 인공지능은 탑승자 1명을 보호해야 할지, 다수의 행인을 구해야 할지 판단을 내려야 한다. 같은 상황에서 사람 운전자는 상황을 온전히 파악하지 못한 채 반사적으로 행동했다고 할 수 있지만, 자율 주행 자동차는 그런 변명을 할 수 없다. 실행 가능한 차선책을 택할 뿐이다. 즉, 피해가 불가피한 상황일 경우 피해를 최소화하는 방향으로 결정하는 것이다. 물론 인공지능은 각 상황에 대한 행동 지침을 따르겠지만 이런 상황에서 어떻게 행동할지 결정하는 것은 결국 인공지능을 프로그래밍하는 사람이다.

1,928명을 대상으로 자율 주행 자동차의 행동 지침에 대한 설문 조사를 했다. 갑자기 전방에 10명이 나타났는데 그대로 가면 모두 죽는다. 이들을 피해 핸들을 꺾으면 콘크리트 벽에 부딪쳐 탑승자가 죽는다. 76퍼센트가

보행자 10명 대신 탑승자 1명을 희생하는 쪽이 더 도덕적이라고 판단했다. 하지만 현실에서는 이렇게 딱 부러지게 결정을 내릴 수 없다. 설문 조사를 할 때는 많은 생명을 구하려는 공리주의형 인공지능이 옳다고 답해도, 자신이 그 자율 주행 자동차에 탄다는 가정이 나오면 마음이 바뀐다. 차를 구입하는 소비자는 자신을 먼저 구해야 한다고 판단하고 그런 자율 주행 자동차를 선택할 수 있다.

아직까지 주행 중 돌발 상황에 대처하는 것은 인간이 인공지능보다 월등히 우세하다. 인간은 위급 상황에서 자신을 희생해서라도 옳은 판단을 내리려고 한다. 영화 〈아이, 로봇〉은 이런 상황을 다루었다. 스프너 형사는 교통사고로 세라라는 어린아이와 물에 빠진다. 스프너 형사는 로봇에게 세라를 먼저 구하라고 명령하지만, 로봇은 스프너 형사가 살아날 확률이 높기 때문에 스프너 형사를 구한다. 로봇은 생존 가능성이 높은 사람을 먼저 구한다는 원칙에 충실했지만, 스프너 형사의 명령을 어긴 것이 된다. 이런 모순된 일이 자율 주행 자동차 사고 시 일어나지 않는다는 보장은 없다

수많은 자동차 사고의 변수를 프로그래머가 적절하게 입력하는 것은 현재로서는 불가능하다. 탑승자 서열과 중요도를 프로그래머가 사전에 일일이 입력할 수는 없는 일이다. 그러므로 인공지능 프로그램은 예기치 않은 상황에 적절하게 대처할 수 없는데, 사전에 입력되지 않은 상황에 직면하거나 능력 밖의 상황에 처하면 이러한 상황을 오류로 인식하고 인공지능은 작동을 멈추게 마련이다.

COVID - 19

 핵융합과 인공 태양

PANDEMIC

악당의 발명품이 노벨상 후보로

만화와 영화로 큰 인기를 끈 〈스파이더맨〉 시리즈에서 옥토퍼스 박사는 소형 핵융합로로 인공 태양을 만드는 데 성공한다. 그는 자신의 발명품으로 무한 에너지를 얻을 수 있다고 발표한다. 영화에서는 아쉽게도 인공 태양 시설이 수장되지만 인공 태양은 현실에서라면 노벨상을 받았을 것이다. 인공 태양은 현재 전 세계의 관심이 집중되는 분야다.

현재 지구상에 있는 가장 가공할만한 무기는 원자폭탄과 수소폭탄이다. 원자폭탄의 핵분열 기술을 산업적으로 이용한 것이 원자력발전소다. 그러나 수소폭탄은 아직 활용하지 못하고 있다. 수소폭탄은 수소와 같이 질량이 작은 물질을 융합시켜서 에너지를 얻는 방식인데, 수소와 같은 물질을 융합시키려면 매우 높은 온도가 필요하다. 때문에 수소폭탄은 소형 원자폭탄을 폭발했을 때 순간적으로 생기는 고온을 이용해 핵융합반응을 일으킨다. 문제는 이때 생기는 고온을 제어하는 것이 만만치 않다는 점이다.

화석연료와 핵분열, 핵융합을 비교해보면, 석탄 20톤을 태워서 얻을 수 있는 에너지를 핵분열 연료 1.5킬로그램으로 얻을 수 있으며, 이는 60그램의 핵융합 연료로 가능하다. 핵융합반응의 연료는 수소의 동위원소인 중수소와 삼중수소다.

중수소는 바닷물을 전기분해해서 얻을 수 있으며, 바닷물 1리터에는 약 0.03그램의 중수소가 포함되어 있다. 바다가 마르지 않는 이상 무한하게 중수소를 얻을 수 있다. 삼중수소는 핵융합로 내에서 리튬과 중성자의 반응을 통해 얻을 수 있다. 리튬은 매장량이 풍부한 편이며 바닷물에서도 추출할 수 있다. 300그램의 삼중수소와 200그램의 중수소만으로 고리원자력발전소보다 2배 큰 100만 킬로와트급 핵융합 발전소를 하루 동안 가동시킬 수 있다.

⎯⎯ 태양이 에너지를 계속 만들어낼 수 있는 이유

태양 에너지의 근원은 수소의 핵융합반응이다. 프리츠 후테르만스Fritz Houtermans는 로버트 데스코트 앳킨슨Robert d'Escourt Atkinson과 함께 수소의 원자핵 두 개가 결합하는 과정을 연구했다. 후테르만스는 두 양성자가 가까워지면 전기적 반발력으로 서로를 밀어내지만 10^{-15}미터까지 다가가면 강한 핵력이 작용해 결합한다는 것을 알아냈다.

후테르만스가 연구하던 때에는 중성자의 존재가 알려져 있지 않았다. 중성자는 양성자와 더불어 원자핵을 구성하는데, 안정된 헬륨의 원자핵은 2개의 양성자와 2개의 중성자로 이루어진다. 보다 완전한 수소 핵융합 과정은 1932년 중성자가 발견된 후 한스 베테Hans Bethe에 의해서 밝혀졌다.

별 속에서 수소가 헬륨으로 바뀌는 과정에는 몇 가지가 있는데, 그중 하나는 양성자-양성자 연쇄반응이다. 이

반응은 중심 온도가 1,000~1,500만 켈빈 범위에 있는 태양과 같은 가벼운 별에서 주로 일어난다.

헬륨의 원자핵은 세 단계를 걸쳐 만들어진다. 첫 번째 과정은 수소 원자핵1H인 양성자 두 개가 서로 결합해 중수소핵2H을 만드는 것이다. 이를 위해서는 높은 온도와 압력이 필요하다. 두 양성자 사이에는 높은 에너지 장벽(쿨롱 장벽)이 있고, 장벽 너머에는 안정된 에너지 상태가 있다. 이것은 골프공을 쳐서 가파른 언덕 꼭대기에 있는 홀에 집어넣는 것과 비슷하다. 골프공은 양성자고, 언덕은 양성자가 서로 결합하기 위해 넘어야 할 에너지 장벽이다. 이 언덕은 매우 가파르고 구멍은 아주 작다. 골프공이 언덕을 올라가려면 큰 운동에너지가 필요한데, 별 중심부의 고온에서 에너지를 얻는다. 태양의 중심 온도는 언덕을 오르는 데 필요한 에너지 값에 훨씬 못 미치므로 수소 핵융합은 불가능하다고 여겨졌다. 하지만 양자 역학은 공이 언덕 꼭대기까지 오르지 않고도 터널 효과를 통해 언덕 중간을 뚫고 구멍 속으로 들어갈 수 있음을 보여주었다.

양성자 사이에 작용하는 전기적 반발력을 극복하는

다른 방법은 두 양성자 중 하나가 전하를 잃고 중성자가 되는 것이다. 중성자와 양성자 사이에는 전기적 반발력이 작용하지 않는다. 양성자는 자발적으로 중성자로 변환되지 않지만 에너지가 가해지면 가능하다. 하지만 이 과정은 약한 상호작용에 의존하므로 매우 느리게 일어난다. 양성자가 중성자로 전환될 때 양전자 e^+와 중성미자 ν_e가 방출된다. 양전자는 전자의 질량과 같지만 전하의 부호가 반대인 반입자고, 중성미자는 전하가 없고 질량이 거의 0인 입자다.

중성미자는 태양을 빠져나가고, 양전자는 전자와 쌍소멸하면서 감마선 형태로 빛을 방출한다. 중수소핵은 다른 수소의 원자핵과 융합해 헬륨의 가벼운 동위원소인 헬륨-3 ^3He을 형성하고 감마선 광자의 형태로 에너지를 방출한다.

이렇게 생긴 헬륨-3에서 헬륨-4 ^4He가 만들어진다. 이 과정은 여러 갈래로 진행된다. 그중에서 가장 확률이 높은 과정은 다음과 같이 진행된다. 양성자-양성자 연쇄반응의 결과로 생성된 헬륨-4 원자핵과 반응에 사용된 양성자 4개의 질량을 비교해보면 0.7퍼센트 질량이 감소한다. 이 질량은 알베르트 아인슈타인Albert Einstein의 질량에너지 변환식 $E=mc^2$에 의해 에너지로 전환된다. 수소 1킬로그램이 헬륨으로 전환되면 6×10^{14}줄의 에너지가 나온다.

태양은 매초 4×10^{26}줄의 에너지를 우주 공간으로 방출한다. 이는 1,000만 와트짜리 원자력발전소 40경 개에 해당하는 양이다. 태양은 매초 6억 톤의 수소를 헬륨으로 전환하면서 이 막대한 에너지를 생산한다. 그러면 태양은 얼마나 오래 탈 수 있을까? 만약 태양의 전 질량 2×10^{30}킬로그램이 모두 헬륨으로 전환된다고 하면 약 1,000억 년이 걸린다. 그러나 태양의 온도는 바깥층으로 갈수록 낮아지므로 태양 속에 있는 모든 수소를 핵융합의 원료로 사용할 수 없다. 태양이 핵융합으로 태울 수 있는 것은 전체 질량의 10분의 1 정도에 해당하는 중심부 정도다. 따라서 태양의 수명은 약 100억 년이라고 볼 수 있다. 지난 45억 년 동안 태양 중심부의 약 절반이 헬륨으로 바뀌었으니 앞으로 약 50억 년 간은 수소 핵융합반응을 지속할 것이다.

19세기 과학자들은 태양이 수축하면서 에너지를 낸

다고 생각했다. 하지만 태양의 크기로 환산해볼 때 중력에 의한 수축으로 이렇게 막대한 에너지를 방출한다면 태양의 수명은 약 1,000만 년에 불과하게 된다. 하지만 이 가설은 몇 억 년 전의 화석이 발견되면서 오류임이 밝혀졌다. 그렇다면 태양은 어떻게 그런 엄청난 에너지를 낼 수 있는 것일까? 이에 대한 해답을 제시한 것은 아인슈타인이다. 아인슈타인은 에너지와 질량은 동등한 것이며 그 결과는 $E=mc^2$에 의해 주어진다고 설명했다. 양성자와 중성자가 융합하면서 질량이 줄어들고, 이 차이가 에너지가 되어 방출된다. 태양 내부의 온도는 약 2,500만 도이며 핵융합에 의해 외부로 에너지가 방출되면서 태양 표면은 약 6,000도가 된다.

별이 수소를 헬륨으로 바꾸는 또 다른 과정은 CNO 순환이다. 탄소C, 질소N, 산소O 동위원소들을 촉매로 사용한다. CNO 순환은 태양 질량의 2배 이상으로 중심 온도가 2,000만 캘빈 이상인 별에서 주로 일어난다. 이 정도의 고온에서는 탄소·질소·산소와 같이 무거운 핵도 서로 반응할 수 있기 때문이다.

핵융합반응은 어떤 것이든 온도에 민감하지만 CNO 순환은 훨씬 더 민감하다. 양성자-양성자 연쇄반응은 온도의 4제곱에 비례하지만 CNO 순환은 온도의 17제곱에 비례하므로 질량이 조금만 더 커져도 중심 온도가 올라가서 반응이 폭발적으로 늘어난다. 결과적으로 별의 수명이 급격히 짧아진다.

태양 중심에서 핵융합으로 만들어진 빛이 태양 표면까지 전달되는 과정은 매우 느리게 진행된다. 태양 중심에서 만들어진 빛은 갈지자로 표면까지 올라온다. 태양 내부는 수소 가스가 전리電離되어 있는 고밀도 플라스마 상태다. 생성된 빛은 1센티미터 정도 이동하면 수소 핵과 충돌해 흡수되었다가 재방출되며 방향이 바뀐다. 이런 과정은 빛이 태양을 빠져나올 때까지 수없이 되풀이된다. 때문에 빛이 태양을 빠져나오는 데는 짧게는 수천 년, 길게는 1,000만 년이 걸린다.

처음 태양에서 만들어진 빛은 감마선 형태의 고에너지 복사선으로, 생명체에게 치명적이다. 하지만 태양 표면까지 올라오는 동안 태양 속의 전자·양성자와 상호작용하며 에너지를 잃고 가시광선·적외선·자외선으로 바뀌어 방출된다. 이 과정에서 잃어버린 에너지는 태양을 가열해 태양이 중심 온도를 유지하면서 핵융합을 계속해 붕괴하지 않도록 해준다. 하지만 빛과 함께 생성된 중성미자는 빛과 달리 2~3초 만에 태양을 빠져나온다. 중성미자는 다른 입자들과 거의 반응하지 않기 때문이다.

—— 토카막

태양처럼 뜨거운 플라스마를 용기에 닿지 않게 떠 있는 상태로 유지할 수 있으면 인공 태양을 만드는 것도 불가능하지 않다. 자장을 이용하면 퍼져 나가는 가스를 묶어둘 수 있다. 전류가 흐르면 그를 둘러싼 둥근 자장이 생기는데, 이를 로런츠 힘Lorentz force이라고 한다.

제2차 세계대전 이후 많은 나라에서 핵융합에 관한 프로그램이 진행되었다. 1950년대 소련의 이고리 탐Igor Tamm과 안드레이 사하로프Andrei Sakharov가 토카막tokamak을 개발했다. 이후 레프 아르치모비치Lev Artsimovich가 1968년 초고온 플라스마를 100분의 1초 이상 가두는 토카막 장치 개발에 성공했다. 이후 연구가 계속 이어져 현재는 섭씨 1억 도 플라스마를 20초 유지하는 수준까지 발전했다.

토카막 속의 플라스마는 원자핵과 전자가 분리된 하전입자의 상태다. 하전입자는 자기장과 입자의 속도에 수직한 방향으로 로런츠 힘을 받으므로 나선형 궤적으로 움직인다. 토카막 용기를 도넛 모양으로 만들면 하전입자는 자기장 내부를 빙글빙글 돌면서 갇혀 있게 된다.

토카막은 도넛 모양의 자기장을 만드는 자석을 비롯해 다양한 자석을 이용해 내부의 플라스마가 유지되도록 제어한다. 도넛 모양의 자기장을 만드는 것을 TF^{Toroidal Field} 자석, 플라스마를 제어하는 자석을 PF^{Poloidal Field} 자석, 플라스마 자체가 운동하면서 생성되는 플라스마 전류를 구동하는 자석을 CS^{Central Solenoid} 자석이라고 한다. 플라스마를 높은 온도로 가열하면서 효과적으로 가두기 위해서는 강한 자기장이 필요하므로 최근에 건설되는 토카막 장치들은 초전도 자석을 이용한다.

——— KSTAR

한국도 발 빠르게 핵융합 분야에 뛰어들었다. 차세대 초전도 핵융합 연구 장치KSTAR, Korea Superconducting Tokamak Advanced Research는 1995년 건설 계획이 확정되었고, 다음 해 핵융합연구개발사업단이 출범하면서 본격적으로 시작되었다. 2004년 주장치 조립이 시작되어 2007년 조립이 완성되었다. KSTAR는 현재 전 세계에서 가장 선두적인 토카막으로 꼽힌다. KSTAR에 관한 몇 가지 기록을 소개한다.

- 초전도 자석에 들어간 초전도 선을 모두 이으면 길이가 약 1만 2,000킬로미터로, 지구의 지름과 거의 비슷한 길이다. 서울과 부산을 약 27번 왕복할 수 있는 거리기도 하다.
- 초전도 선 안에는 초전도 심이 3,000가닥 이상 들어 있다. 이 초전도 심을 한 줄로 이으면 길이가 약 3,600만 킬로미터다. 지구 둘레를 약 1,000번 감을 수 있고, 지구와 달 사이(38만 킬로미터)를 약 50번 왕복할 수 있는 길이다.

- KSTAR가 들어선 실험동 건물의 벽면 두께는 1.5미터
  다. 실험동을 짓는데 들어간 시멘트 양은 5만 1,263세제
  곱미터다. 아파트 1,000세대를 지을 수 있는 양이다.

한국은 KSTAR로 2021년 핵융합 에너지 기술 5대 강국에 진입하고 2036년까지 핵융합 발전소 건설 능력을 확보해 2040년대에는 핵융합 발전소를 완공하는 것을 목표로 삼고 있다. 전 세계적으로 에너지원 확보를 위한 에너지 전쟁이 점차 치열해지고 있는데, 한국의 에너지 수입 의존도는 97퍼센트에 달한다. 한국은 석유 소비 세계 7위, 전력 소비 세계 12위의 에너지 소비국으로, 에너지 문제를 근본적으로 해결해줄 핵융합 에너지에 큰 관심을 기울일 수밖에 없다.

⸻ ITER

토카막의 원리가 개발된 것은 오래전인데, 아직 핵융합이 실용화되지 못하고 실험 단계 수준인 것은 그만큼 핵융합로 제작이 쉽지 않기 때문이다. 전문가들 사이에서도 핵융

합 발전에 대한 평가는 크게 나뉘어 있다. 1991년 노벨 물리학상을 수상한 프랑스의 피에르-질 드 젠Pierre-Gilles de Gennes은 생전에 "태양을 상자에 가두어둔다는 계획은 멋진 발상이다. 문제는 우리가 그런 상자를 어떻게 만들어야 하는지 모른다는 점이다"라고 핵융합 발전을 혹평했다. 2002년 노벨 물리학상 수상자 고시바 마사토시小柴昌俊 역시 "핵융합 발전의 실제 비용을 검토한다면 그 전망은 부정적"이라는 입장을 밝혔다. 또 MIT 플라스마 융합 센터의 미클로시 포르콜러브Miklos Porkolab는 핵융합 발전의 문제점이 완전하게 정복되더라도 상용화되려면 50년 이상이 필요하다고 주장했다.

그래서 세계 여러 나라는 핵융합 상용화에 필요한 기술적·재정적 난제를 극복하기 위해 국제 협력 프로젝트를 실시하고 있다. 프랑스 카다라슈에 건설 중인 국제열핵융합실험로ITER, International Thermonuclear Experimental Reactor에는 EU, 일본, 미국, 중국, 한국 등이 참여하고 있다.

제4부

포스트 코로나 유망 기술 25

어느 시대든 인간은 미래를 알고 싶어 했다. 그래서 과거에는 천체의 움직임이나 점술을 중시했다. 과학이 발달한 뒤에는 미신에 의존하기보다는 논리적으로 미래를 예측하려 하고 있지만, 아무리 뛰어난 전문가라도 완벽하게 미래를 예측하는 것은 무리다.

전문가는 일반인보다 예리한 눈으로 미래를 전망하지만 미래 예측에는 많은 변수가 있으므로 미래를 정확하게 맞추는 것은 간단하지 않다. 1889년, 20세기로 들어서면서 미국 특허청장 찰스 두엘Charles Duell은 "이제 발명할 수 있는 것은 모두 발명되었다"고 전망했다. 1903년 한 은행장은 포드 자동차 주식을 사겠다는 변호사에게 "말은 운송 수단으로 효용 가치가 영원하지만 자동차는 한때의 유행에 불과하다"고 조언했다고 한다. 1977년 퍼스널 컴퓨터가 등장했을 때 미국 공학자 켄 올슨Ken Olsen은 "개인이 집에서 컴퓨터를 사용할 일은 결코 일어나지 않을 것이다"라고 말했다.

이런 예를 보면 코로나19 팬데믹 이후의 미래를 예측해 대안을 세운다는 것은 간단한 일이 아니다. 그럼에도 2020년 4월 과학기술정보통신부와 한국과학기술기획평가원은 많은 전문가와 논의를 거쳐 포스트 팬데믹 시대에 필요한 25가지 유망 기술을 발표했다. 이는 앞으로 중점적으로 개발해야 할 분야, 즉 투자가 이루어질 분야라는 의미다.

한국은 2005년에도 미래 경제·사회·기술 환경 변화

에 적극 대응하고 국가 경쟁력 유지·제고를 위해 '국가 R&D 사업 토탈 로드 맵'을 제시했다. R&D 투자 규모를 확대하고 한정된 재원을 효율적으로 활용해 빠른 시일 내에 과학기술 강국으로 진입하기 위한 것이었다. 여기 참여한 과학자는 5,400여 명으로, 2030년을 어떻게 대비할지에 대한 내용을 담았다. 이 로드 맵은 한국의 여건을 고려한 종합적인 중·장기 투자 포트폴리오와 국가 중점 육성 기술을 제시했다.

과학자들은 미래가 얼마나 빠르게 변화할지 상상조차 할 수 없다면서도 나노기술NT, 생명공학BT, 정보통신IT, 인지화학cognitive science의 융합으로 인한 시너지화NBIC는 개인과 집단의 성과를 극적으로 증대시킬 것이라고 예상했다.

2005년의 예상이 모두 맞은 것은 아니나, 당시의 로드 맵은 4차 산업혁명의 진행에 부합하는 것이었고, 그때부터 시작된 준비는 한국이 4차 산업혁명 시대에 뒤떨어지지 않고 코로나19로 인한 혼란에도 안정적으로 대처할 수 있게 해주었다.

2020년 4월에 발표한 포스트 코로나19 시대에 각광받을 25가지 유망 기술도 이런 차원에서 거국적으로 도출된 것이라 볼 수 있다. 이를 보면 한국이 추진하는 미래의 과학기술 분야를 엿볼 수 있다.

코로나19가 궁극적으로 퇴출될 것은 분명하다. 그러나 포스트 코로나19에 어떻게 대처하느냐는 다른 문제다.

한국은 코로나19 이후 주요 환경 변화를 다음과 같이 제
시했다.

- 비대면 원격 사회로의 전환
- 바이오 시장의 확대
- 위험 대응 일상화와 회복력 중시 사회로의 전환
- 자국 중심주의 강화에 따른 글로벌 공급망 재편과 산업
  스마트화 가속

이를 헬스 케어, 교육, 교통, 물류, 제조, 환경, 문화,
정보 보안 등 8개 분야로 구분하고 여기에 포함된 25가지
유망 기술을 제시했다. 국가가 지정한 선제적 개발 분야는

앞으로 투자가 이루어질 분야라는 의미이며, 해당 분야들이 대대적으로 활성화된다는 의미이기도 하다. 불안한 미래에 한발 먼저 대처하고자 하는 이들에게 귀중한 정보일 것이다.

COVID - 19

1 헬스 케어,
디지털 의료 시스템

PANDEMIC

예상치 못한 코로나19의 확산으로 헬스 케어 분야가 최상위 기술 개발 분야로 꼽혔다. 정보 공유 부재 등 전염병에 대한 글로벌 의료 시스템의 협력 체계 취약성이 확연하게 드러났기 때문이다. 특히 각국에서 감염이 폭증하면서 미래에 다시 이런 바이러스가 등장했을 때 선제적으로 대비해야 한다는 경각심을 키웠다.

디지털 헬스는 성장세가 연평균 28.5퍼센트에 달하는 분야다. 2020년 디지털 헬스의 세계 시장 규모는 1,420억 달러인데, 2025년에 4,976억 달러에 이를 것이라는 전망이다. 디지털 헬스는 개인 의료 정보의 수집·관리·분석·

활용 등 의료 보건 정보의 이용과 교환, 인터넷을 통한 원격진료에서 의료 정보의 활용, 실시간 의료 정보 제공 등 정보 통신 기술을 적용한 보건 의료 체계와 서비스를 일컫는다. 구체적으로는 전자 의무 기록과 원격 의료, 모바일 헬스, 개인 맞춤형 의료 등이 디지털 헬스에 포함된다.

이는 의료 시스템이 획기적으로 바뀌어야 한다는 것을 의미하는데, 학자들은 의료 시스템이 기존 치료 중심에서 예방과 관리 중심으로 변화할 것으로 예상했다. 의료계에서 보다 적극적으로 인공지능을 도입하고 관련 데이터를 공유하는 체제가 수립될 것이다.

이를 위해 한국은 디지털 치료제, 인공지능 기반 실시간 질병 진단 기술, 실시간 생체 정보 측정·분석 기술, 감염병 확산 예측·조기 경보 기술, RNA 바이러스 대항 백신 기술 등 5개 기술을 미래 기술에 포함시켰다.

—— 디지털 치료제

디지털 치료제는 사이버 스페이스의 장점을 최대한 이용하는 것이다. 트라우마 같은 정신 질환에는 기존의 의약품과 의료 기기가 큰 효과를 거두지 못했는데 애플리케이션, 게임, 가상현실 등이 생각보다 좋은 성과를 보이고 있다. 학자들은 앞으로 인간의 심리에 관한 질병은 사이버 스페이스가 상당한 부분을 담당하게 될 것으로 예상한다. 디지털 치료에 관한 세부 기술은 다음과 같이 제시되었다.

- **콘텐츠 개발**: 치료 효과가 있는 콘텐츠를 디스플레이에 구현
- **사용자 상호작용**: 이용자 활동 정보를 바탕으로 콘텐츠를 실시간 변경
- **사용 정보 분석**: 환자의 콘텐츠 이용 정보를 수집해 향후 치료법 분석
- **UI/UX**: 다양한 연령대의 사용자가 쉽게 사용할 수 있는 조작법

—— 인공지능 기반 실시간 진단

일정 부분에서 인공지능이 의사보다 훌륭하게 진단한다는 것은 잘 알려진 사실이다. 광대한 의료 데이터를 인공

지능으로 분석해 환자의 질병 유무를 실시간으로 판단하고, 가장 적합한 치료법을 제시해주는 소프트웨어는 4차 산업혁명의 핵심 기술이기도 하다. 인공지능의 질병 진단을 위해서는 여러 분야의 기술이 합쳐져야 한다. 인공지능 진단의 가장 큰 장점은 개인이 스스로 건강 상태를 진단하고 병원 치료와 연계해 건강을 관리할 수 있다는 점이다.

- **의료 정보 분석**: 기존 데이터 학습을 바탕으로 환자 의료 정보의 비정상 패턴 분석
- **진단용 인공지능**: 분석 결과에 기반해 자동으로 질병 진단과 치료법 제안
- **클라우드·통신**: 대용량 의료 데이터의 보관과 전송
- **정보 보안**: 민감한 개인 정보의 보안성 확보

—— **실시간 생체 정보 측정·분석**

시간과 장소에 구애받지 않고 개인의 생체 정보를 수집·분석해서 건강 상태를 지속적으로 모니터링하는 기술은

과거부터 의학계의 꿈이었다. 학자들은 매일 사용하는 칫솔을 컴퓨터와 연결해 이상한 데이터가 나오면 바로 의료 전산망을 통해 가까운 병원으로 연결해주는 시스템도 구축할 수 있을 것으로 추정한다. 이를 위해서는 다음과 같은 여러 기술이 필요하다.

- **생체 정보 센서**: 체온·안색·뇌파 등 개인 생체 정보를 실시간으로 수집하는 기기
- **정보 분석 인공지능**: 수집된 생체 정보의 분석을 거쳐 비정상적 패턴을 발견하고 통보
- **UI/UX**: 누구나 쉽게 사용할 수 있는 측정 기기와 소프트웨어
- **정보 보안 기술**: 개인 생체 정보의 보안성 확보

── 감염병 확산 예측·조기 경보

코로나19의 발병으로 이와 같은 전염병이 국민 건강은 물론 국가에 큰 영향을 미친다는 것이 확인되었다. 차후에 이런 질병이 나타났을 때 선제적으로 조처하는 것이 매

우 중요하다. 즉 질병의 전파 과정, 감염 환자, 인구 데이터 등을 활용해 감염병에 전방위적으로 대처하는 것이다. 더불어 국내외 빅데이터를 통합·분석해 국제 공조 체계도 구축해야 한다.

- **정보 분석 기술**: 검색어, 진단 정보, 국가별 동향 등 관련 데이터 수집·분석
- **위치 정보 추적**: 환자와 감염 위험군의 위치 정보 추적
- **위험 분석 인공지능**: 감염 경로와 위험군의 예측, 경고, 대응 방향 제시

—— RNA 바이러스 대항 백신

학자들은 인간에게 치명적인 바이러스에 대항하기 위해 RNA 바이러스 대항 면역 체계를 활성화시켜 감염병을 예방하거나 감염 시 피해를 최소화하는 것이 필요하다고 말한다. 이를 위한 세부 기술은 다음과 같이 제시했다.

- **치료제 개발**: RNA 돌연변이 예측과 항원 발굴 등

- **대량 생산**: 개발된 치료제의 상용화를 위한 대량 생산

- **고효율 전달**: 치료제를 효율적으로 체내 바이러스에 전달

2 온라인 교육

코로나19 팬데믹 이후 가장 큰 영향을 받은 분야로 교육이 꼽힌다. 코로나19가 유행하기 시작하면서 개학이 연기되고 학사 일정이 미루어지면서 대학수학능력시험도 연기되었다. 한국은 그나마 선제적인 대처와 관리로 사상 초유의 '코로나 수능'을 치러냈지만, 프랑스는 바칼로레아를 취소했고 브라질도 국가 대입 자격시험을 다음 해로 연기했다.

그동안 당연하다고 생각했던 등교와 교실 수업이 불가능해지면서 거의 모든 수업이 온라인으로 대체되었다. 이로 인해 교사, 학생, 학부모 모두 큰 혼란에 빠졌다. 엄

문영 서울대학교 교수 연구 팀이 조사한「코로나19 이후 뉴노멀 시대의 교사, 학부모, 학교의 역할 변화」에 관한 설문을 보면 교사는 온라인 매체 활용 수업 준비와 출결 및 학습 완료 여부 확인, 온라인으로 인한 수업 질 저하가 가장 어려웠다고 답했다. 학부모는 자녀의 생활 지도를 가장 어려운 점으로 꼽았다.

콘텐츠와 인프라 부족, 교육 복지 사각지대도 큰 문제가 되었다. 때문에 비대면 강화 속에 '실감형 교육을 위한 가상·혼합 현실 기술', '인공지능·빅데이터 기반 맞춤형 학습 기술', '온라인 수업을 위한 대용량 통신 기술'의 중요성이 커지고 있다.

── 실감형 교육을 위한 가상·혼합 현실 기술

시각·촉각·동작 인식 등 사용자의 감각 정보를 실시간으로 계산해 현실적인 가상·혼합 현실을 구현하고, 사용자와 가상·혼합 현실의 상호작용을 지원한다. 이 기술은 대외 활동이 어려운 장애인과 노약자 등을 대상으로도 활용될 수 있다. 이를 위한 세부적인 기술은 다음과 같다.

- **혼합 현실**: 현실과 가상 세계의 동시 표현을 비롯해 상호
  작용 처리 프로그램
- **영상 데이터 처리**: 고화질·고용량 혼합 현실 데이터의 효
  율적 처리
- **인터페이스**: 시청각·동작 인식·촉각 등 다양한 모드를
  지원하는 기기
- **렌더링**: 사용자 입력에 실시간으로 반응하는 3차원 애니
  메이션 제작

── 인공지능·빅데이터 기반 맞춤형 학습 기술

인공지능이 학습자의 기존 학습 데이터를 실시간으로 분
석해 난이도를 조절해서 맞춤형 교육을 제공하는 기술이
다. 그동안 비대면 교육은 여러 분야에서 적용되었는데 맞
춤형 교육은 이를 업그레이드한 것으로 볼 수 있다. 학습
자 맞춤형 내용으로 학습 성과를 높이는 것이다. 또한 대
면 강의에 참여하기 어려운 학생을 지원해 교육의 사각지
대를 해소할 수 있다.

- **학습용 인공지능**: 축적된 학습 데이터를 바탕으로 난이도 조절, 교육 과정 제시
- **학습 데이터 처리**: 사용자의 학습 데이터를 수집·가공하는 기술
- **교육 플랫폼**: 교사·학생·학부모 등 다양한 인력이 참여하는 교육 플랫폼

—— 온라인 수업을 위한 대용량 통신 기술

온라인 강의는 코로나19로 인해 진가가 알려졌다. 코로나19가 종식되더라도 학교에 쌓인 온라인 교육 노하우는 앞으로도 활용될 것이다.

준비 없이 전방위로 온라인 교육이 도입되면서 많은 기술적 한계가 드러났다. 이를 해소하는 것이 앞으로의 역점 사업이다. 첫 단계는 원활한 온라인 수업을 위한 대용량 통신 기술이다. 온라인 강의나 화상회의 같은 대용량 콘텐츠를 빠르고 안정적으로 전달하기 위한 것이다. 컴퓨터 트래픽을 분산하는 방법은 원격 수업 인프라 구축과 온라인 교육 플랫폼MOOC 연계 등에 필수적이다. 이를 위

한 세부 기술은 다음과 같이 제시되었다.

- **빅데이터 전송**: 다양한 유형의 콘텐츠를 네트워크 내에서
  안정적으로 전송

- **분산 전송**: 클라우드형 저장소 활용

COVID - 19

3 교통

PANDEMIC

교통도 팬데믹으로 크게 변화했다. 팬데믹 대응을 위한 언택트 문화 확산은 대중교통과 공유 교통에 대한 기피를 초래했다. 앞으로 집중적으로 투자가 이루어질 교통 분야로는 감염 의심자 이송용 자율 주행 자동차, 개인 맞춤형 라스트 마일last mile 모빌리티, 통합 교통 서비스MaaS 등이 제시되었다.

—— 감염 의심자 이송용 자율 주행 자동차

한국에서 코로나19 유행 초기 크게 문제되었던 것 중 하나는 감염 의심자를 공항이나 자택에서 병원으로 이송하는 일이었다. 코로나19는 접촉으로 감염되는데, 감염 의심자를 이송하는 이들도 감염 위험에서 자유롭지 못하기 때문이다. 때문에 감염 의심자와 접촉하지 않는 자율 주행 자동차라는 아이디어가 등장했다. 자율 주행 자동차는 4차 산업혁명의 미래로도 거론되어왔다. 자율 주행 자동차가 개발되면 코로나19 등 감염병 환자들만이 아니라 현장 접근이 어려운 자연재해 현장이나 방사능 위험 현장 등에도 도입할 수 있을 것이다.

- **자율 주행 인공지능**: 시각·위치 정보를 바탕으로 거점 간 자율 주행을 지원하는 인공지능
- **감염병 센싱**: 차량 탑승자 발열 여부 분석, 차량 내 바이러스 검출 등
- **차량 내 방역**: 차량 내부 감염원 제거를 위한 자동 방역 기술

── 개인 맞춤형 라스트 마일 모빌리티

4차 산업혁명에서 지속적으로 거론되는 것 중 하나가 개

인 맞춤형 라스트 마일 모빌리티다. 라스트 마일 모빌리티는 상품이 고객에게 전달되는 마지막 배송 단계를 가리키는 말이다. 교통에서는 버스·전철 등 대중교통을 이용한 후 최종 목적지까지 이동하기 위한 개인·소형 이동 수단을 말한다.

- **이동 수단**: 수납·이동·충전 등이 가능한 소형 이동 수단 개발
- **주행 보조 기술**: 세부 길 안내, 대중교통 정보 연계, 위험 인식, 속도 제한 등
- **인증 기술**: 공유형 이동 수단의 운영을 위한 사용자 인증 기술

── 통합 교통 서비스

미래의 교통은 현재와는 크게 달라질 것이다. 지상은 물론 항공, 해운 등 모든 면에서 변화가 일어나는데 가장 중요한 덕목은 고객 맞춤이다. 빅데이터를 기반으로 자동차·지하철·버스·택시 등 다양한 교통수단을 통합하는 고객

맞춤형 솔루션이 등장할 것이다. 이를 통합 교통 서비스 MaaS, Mobility as a Service라고 한다.

통합 교통 서비스는 새롭게 등장한 특정 기술이라 기보다는 사람들이 다양한 교통 정보를 얻어 빠르고 편리하게 이동할 수 있게 지원하는 서비스를 의미한다. 즉, 승용차나 대중교통 같은 보편적인 교통수단뿐 아니라 카셰어링이나 자전거 셰어링, 자율 주행 자동차, PMPersonal Mobility(개인 교통수단) 등 새로이 등장하는 모든 이동 수단을 교통수단으로 인식하고 이를 바탕으로 다양한 이용자의 요구를 충족시켜주는 서비스를 말한다.

통합 교통 서비스는 교통 인프라 제공 위주의 정책이 한계에 달해 교통 수요를 충족시키기 어려워지면서 나온 대안이다. 기존 교통 자원을 효율적으로 활용하고 지속 가능한 교통 체계를 구축하는 것이 통합 교통 서비스의 목적이다.

세계적으로 통합 교통 서비스가 확산되고 있지만 아직 특정 지역에서만 이루어지거나 시범 사업으로 도입된 상태라고 할 수 있다. 가장 앞서나가고 있는 것은 핀란드 헬싱키다. 헬싱키는 2016년 후반부터 윔whim으로 다양한 교통수단을 이요한 최적 경로 안내, 예약, 결제 서비스를 제공하고 있다. 대중교통은 물론 택시나 렌터카, 시티바이크 등을 이용할 수 있으며 이동 경로 안내, 요금 지불, 예약 등을 하나의 애플리케이션에서 해결할 수 있다. 학자들은 통합 교통 서비스가 개인의 효율적 교통 활용을 지원하는 기술이므로 매우 빠르게 접목될 것으로 추정한다.

- **교통 정보 분석**: 공공·민간이 제공하는 이동 수단 정보를 통합 관리
- **블록 체인**: 교통수단 이용 내역의 신뢰성 확보, 투명한 결제 지원
- **경로 안내 인공지능**: 사용자가 활용 가능한 교통수단을 분석해서 최적 경로 제시

COVID - 19

4 물류

PANDEMIC

물류는 코로나19로 대대적인 변화를 겪었다. 전 세계적인 봉쇄 조치, 이동 제한, 생산 중단으로 국가 간 물동량이 감소해 세계 경제는 혼란에 빠졌다. 한국은 비교적 코로나19에 선방했다고 하지만 비대면 강화에 따른 온-오프라인의 변화로 물류 체계는 크게 요동쳤다.

—— ICT 기반 물류 정보 통합 플랫폼

ICT 기반 물류 정보 통합 플랫폼은 빅데이터, 사물 인터넷, 블록 체인에 기반해 물류 정보를 디지털화하고 플랫폼을 표준화해 실시간 예측 배송과 재고관리를 실현하는 것을 말한다. 빅데이터와 사물 인터넷 등을 연계해 물류 정보를 디지털화하는 것은 그동안 부단히 추진되어왔는데 코로나19가 이를 부채질한 셈이다. 플랫폼을 표준화해 실시간 예측 배송과 재고관리를 한다는 것은 한마디로 물류 체계 전 과정을 실시간으로 확인한다는 것이다.

- **클라우드**: 대용량의 물류 데이터를 분산해 관리
- **데이터 수집 분석**: 사물 인터넷을 기반으로 물류 정보 수집, 인공지능이 데이터 가공
- **블록 체인**: 물류 데이터 동기화, 계약 체결 등의 신뢰 확보

—— 배송용 자율 주행 로봇

빠른 배송은 세계 어느 나라에서나 화두다. 특히 한국은 배송 속도 경쟁이 치열하다. 그러나 아직 배송이 불편한 지역이 있으며 이에 대한 보완이 필요하다. 4차 산업혁명의 주요 축인 로봇이 이 분야에서 크게 활약할 것으로 보인다. 배송 기사와 협업할 수 있는 배송 로봇은 물론 드론도 활약할 것이다.

- **배송용 로봇**: 자율 이동과 배송을 수행할 로봇
- **경로 분석 인공지능**: 다수 배송지를 통과하는 최적의 경로 탐색·적용
- **사물 인터넷**: 배송 로봇과 스마트 보관함 연계

── 유통 물류 센터 스마트화

물류 센터에 제품이 입고되는 것에서 출고까지 소량·다품종·다빈도 화물 처리를 지능화·자동화하는 기술로 대형 유통업체들이 이미 도입하고 있다. 하지만 전국적으로 확대되어야 하고 연계 분야에도 접목이 필요하다. 물류 센터 내 고중량·위험 업무 처리가 가능하고 공간 활용을 최적화할 수 있는 장비의 스마트화가 절실하다.

- **물류용 로봇**: 물품 확인·분류·정리·차량 탑재 등을 수행
- **자율 주행 자동차**: 분류된 물품을 최적 경로로 운반
- **정보처리 인공지능**: 물류 센터 내 화물·공간·로봇 정보를 통합 관리하는 시스템

5 제조

코로나19로 많은 제조 업체가 강타를 받았다. 특히 학자들은 제조 분야에서 코로나19로 글로벌 밸류 체인value chain의 취약성이 드러났다고 말한다. 밸류 체인이란 사업을 할 때 수익성을 올리기 위해 생산을 세분화해서 사슬처럼 엮어 가치를 창출하는 것이다. 예를 들어 호텔이라면 객실 대여로만 수익을 창출하는 것이 아니라 호텔의 각부분 즉, 청소, 용품, 조식 등을 세분화해 경영의 효율화를 꾀하는 것이다. 효율성을 높이기 위해 조식을 직접 제공할지 업체에 맡길지, 청소 직원을 직접 고용할지 용역을 줄지 판단하고, 호텔에서 사용하는 수건·비누 등 용품도 공급 업체를 일원화할지 제품별로 나눌지 판단한다. 이런 모든 아이템을 체인처럼 엮으면 수익을 극대화할 수 있는데, 문제는 공급이 안정적이어야 한다는 것이다. 코로나19는 이런 과정들을 복잡하게 엮이게 했다. 코로나19로 각국의 제한 조치 등으로 자국 중심이 강화되면서 재료비·인건비·제조비 등 제조 비용이 지속적으로 증가할 가능성이 높아졌다.

학자들은 전 산업에서 인공지능이 다각도로 활용될 것이 분명하지만 제조 분야에서 인공지능의 활용으로 이루어질 변화는 엄청나다고 지적한다. 앞으로는 사람들의 직접적인 요구를 들어주는 것을 넘어 미처 인식하지 못한 숨겨진 욕망을 추적해 제품과 서비스를 제공하는 시대로 변모할 것이다.

생산자와 소비자의 관계도 변할 것이다. 지금까지는 생산자가 많은 이득을 얻기 위해 저가의 물품을 공급해 소비자를 유도해왔다. 소비자는 울며 겨자 먹기로 공급자의 제안에 따르는 것이 보통이었다. 따지자면 생산자가 '갑'이었다고 할 수 있다. 정재승 박사는 4차 혁명 시대에 이와 같은 '갑', '을'의 관계는 존재할 수 없을 것이라고 단언했다. 앞으로 완제품을 시장에 내놓는 것이 아니라 인공지능을 통해 고객과 함께 성장하는 제품을 양산하는 시대가 될 것이기 때문이다. 과거에는 상상할 수 없었던 이런 변화에 대처하는 것이 앞으로 화두가 될 것이다.

── 디지털 트윈

디지털 트윈은 컴퓨터에 현실 속 사물의 쌍둥이를 만들고, 현실에서 발생할 수 있는 상황을 컴퓨터로 시뮬레이션해서 결과를 미리 예측하는 기술을 말한다. 디지털 트윈으로 스마트 공장 운영 체계를 고도화할 수 있고 제품 생산 공정을 단축할 수 있다. 여기에는 다음과 같은 세부 기술이 요청된다.

- **제품 정보 센싱**: 가상으로 구현할 현실 세계 정보를 수집하는 센서, 컨트롤러 등
- **가상화**: 현실 특성을 반영한 가상 시스템 구성·운영
- **통신·제어**: 현실 시스템·정보와 가상 시스템을 연결·제어

—— 인간 증강 기술

인간 증강 기술은 인간의 인지능력이나 신체 능력을 향상하는 데 사용하는 생명공학, 전자공학, 기계공학 등의 기술 조합을 말하며, 4차 산업혁명의 핵심이라고 할 수 있다. 인간 증강은 과학의 모든 분야를 아우르지만 특히 인공지능과 직결되며 세부 기술로는 다음과 같은 것들이 필요하다.

- **BMI**: 뇌 신호 측정 · 처리를 통해 외부 기계 제어
- **인지 능력 처리**: 뇌 신호 측정 · 처리 · 해석을 통한 인지 능력 증강
- **신체 증강 로봇**: 움직임 보조를 위한 웨어러블 로봇, 시각 · 청각 보조 기기 등

—— 협동 로봇 기술

로봇이 생산 현장에서 인간과 상호작용하면서 인간 대신 단순 반복이나 위험 작업을 수행하는 것이다. 이미 많은 공장에서 이루어진 기술이지만, 계속 연구·개발되어야 할

분야다. 특히 강조하는 세부 기술은 다음과 같다.

- **로봇 보디**: 경량 재질로 설계되고 다양한 움직임을 수행할 수 있는 생산 로봇
- **로봇 제어기**: 생산 현장의 다양한 로봇을 통합적으로 제어
- **협동 공간 분석**: 주변 환경 정보를 분석해 사용자의 안전 사고를 방지

 6 환경

코로나19는 환경에도 지대한 영향을 미쳤다. 글로벌 경기 침체로 환경은 오히려 호전되었고, 이는 역으로 인류가 기후변화와 환경보호에 적극적으로 나서야 한다는 증거가 되었기 때문이다. 또한 코로나19로 언택트 일상화가 이루어지면서 배달과 일회용품 사용이 증가하면서 폐기물 발생량이 증가했다. 이 문제를 해결하기 위해서 제시되는 분야는 크게 세 가지다.

── 의료 폐기물 수집·운반용 로봇

사회가 복잡해질수록 폐기물 처리가 만만치 않아진다. 특히 코로나19로 확진자가 대량으로 발생하자 의료진과 확진자가 사용한 의복·장갑 등 의료 폐기물이 화두로 떠올랐다. 이에 대한 해결책으로 등장한 것이 의료 폐기물을 수집하고 운반하는 로봇이다. 이는 인공지능 로봇 개발과 연계되므로 앞으로도 인공지능 로봇에 대한 관심과 기술 개발은 계속될 것이다.

- **자율 학습 인공지능**: 로봇 학습 알고리즘 개발을 통해 사람 역할 대체
- **로봇 제어 통신**: 로봇 제어, 데이터 수집과 모니터링
- **동력 충전 기술**: 로봇 활동을 위한 전력 저장 장치와 충전 기술

—— 인수 공통 감염병 통합 관리 기술

코로나19는 동물에게서 전수된 인수 공통 감염병이다. 사람과 동물 간 상호 전파되는 병원체에 관한 연구가 필요하다는 점에 전 세계인이 공감하고 있다. 동물에 의해 전염되는 질병을 탐지·조사·대응하기 위한 통합 관리 기술

이 필요하다. 이는 차후 또 다시 등장할지 모르는 전염병에 선제적인 대비책을 강구하자는 의도로 볼 수 있다. 이를 위한 세부 기술을 다음과 같다.

- **확산 방지 기술**: 병원체의 증식 억제, 백신 개발, 방역
- **감염 정보 분석**: 야생동물과 가축의 감염 여부 모니터링과 감염 경로 분석
- **자연 숙주 방제**: 감염병 매개체가 되는 야생동물 구제와 방역

COVID - 19

 7 문화

PANDEMIC

문화 산업이 코로나19로 받은 타격을 해소하기 위한 기술로 크게 세 가지가 지목되었다. 앞으로 중점적인 투자가 필요하다고 지목된 분야는 다음과 같다.

—— 실감 중계 서비스

실감 중계 서비스는 사이버 스페이스를 한 단계 업그레이드한 것이다. 가상현실 방송, 3D 텔레비전과 같이 시청자의 현실감과 몰입감을 증가시켜 새로운 시청 경험을 제공할 실시간 실감형 영상·음향 서비스 기술을 말한다. 코로나19로 인한 관객 없는 문화·종교·스포츠 행사는 물론 앞으로 다양한 분야에서 활용될 기술이다.

- **가상현실 · 증강현실**: 실시간으로 스캐닝한 대규모 대면 행사를 가상공간에 구현
- **통신**: 대용량 실감 콘텐츠를 실시간으로 중계 · 전송
- **디스플레이 기술**: 가상 · 혼합 현실용 고해상도 디스플레이

──── 딥페이크 탐지 기술

딥페이크deepfake는 현대 문명의 뒷면을 보여준다. 인공지능 기반의 안면 매핑facial mapping 기술을 이용해 만든 가짜 영상인 딥페이크로 많은 이가 고통을 받고 있다. 딥페이크 영상을 탐지하고 위조 여부를 밝히는 딥페이크 탐지 기술이 필요하다. 이 기술이 거론된 것은 딥페이크를 이용한 신종 사기나 금융 범죄 등에 선제적으로 대응하자는 것으로, 정부가 나설 만큼 엄중하다는 뜻이다. 이 기술은 한국만이 아니라 전 세계에서 주목을 받고 있다.

- **검증용 인공지능**: 영상 속 인물의 표정 · 음성 · 화질 등을

바탕으로 위조 여부 판단

- **블록 체인**: 영상 변조 기록을 저장해 위조 여부 판단

—— 드론 기반의 지리 정보 데이터 구축과 3D 영상화

드론에서 취득한 영상 데이터로 지리 정보 데이터를 구축하고 후처리 공정을 통해 3D 영상화하는 기술을 말한다. 미래에는 드론 영상을 활용한 기술이 활성화될 것이다. 그동안 영공은 대형 비행체가 독점해왔으나 드론이 틈새를 차지한 데 이어 점점 활용도가 높아지고 있다. 드론이 전방위로 활약하려면 드론을 위한 지리 정보 데이터가 구축되어야 한다. 이는 스마트 도시의 설계, 재난 대응, 관광업 등에도 활용될 수 있다. 드론에 관한 세부 기술은 다음과 같다.

- **기기 제작**: 정밀한 공간 정보 확보를 위한 드론 제작과 시각 센싱 기술
- **영상 처리 인공지능**: 여러 각도에서 촬영된 이미지 접합과 3D 영상화
- **가상현실·증강현실**: 확보된 공간 정보 3D로 제공

8 정보 보안

정보 보안은 인터넷이 활성화된 이후 세계의 이목이 집중되어온 분야다. 국가든 기업이든 개인이든 정보의 탈취를 막는 것이 중요해졌다. 코로나19로 화상회의, 온라인 교육, 재택근무가 일상화되면서 정보 보안의 중요성은 더욱 부각되었다. 많은 기업과 기관이 화상회의를 도입했는데, 안심하고 화상회의를 진행할 수 있는 보안이 화두가 되었다. 또한 국방·치안·소방 등을 담당하는 국가 공공 기관은 안보 체계의 스마트화를 강력하게 요구하고 있다. 이 부분을 위해 다음 세 가지가 긴급하게 요청된다.

—— 화상회의 보안성 확보

화상회의는 폐쇄 공간에서 이루어지는데도 화상이라는 특성상 보안이 간단하지 않다. 이와 관련해 많은 문제점이 제기되었는데, 한국만이 아니라 전 세계가 관심을 기울이는 분야다. 참여자 인증과 데이터 전송, 녹화 제한 등 다양한 기능으로 이를 해결할 수 있을 것으로 생각한다. 화상회의 보안성을 높이기 위해 거론되는 세부 기술은 다음과 같다.

- **인증 기술**: 생체 정보·인증서 등을 이용한 사용자 검증과 접속 가능 여부 판단
- **위조 여부 판별 기술**: 인공지능 등을 이용한 화상 정보 위조 판별
- **화상 정보 암호화 기술**: 암호 키 분배와 화상 정보의 고속 암호화

—— 양자얽힘 기반의 화상 보안 통신 기술

양자얽힘entanglement을 이용해 현재 통신 체계의 보안성을

강화하거나 정보를 직접 전달하는 형태의 통신 방식을 말한다. 학자들은 정보 보안에 양자 이론을 접목하면 거의 완벽한 보안이 가능할 것이라고 예상한다. 전 세계가 연구와 기술 개발에 총력을 기울이고 있는 분야이기도 하다. 양자얽힘을 이용한 보안 강화를 위해서는 다음 기술이 확보되어야 한다.

- **양자 암호 키 분배 기술**: 양자얽힘을 이용한 암호 키 생성·분배
- **화상회의 시스템**: 분배된 암호 키를 화상 통신에 적용
- **양자 화상 송신**: 양자얽힘을 이용해 화상 정보를 직접 전송

—— 동형암호 이용 동선 추적 시스템

이 주제는 코로나19가 가져온 프로젝트라 볼 수 있다. 암호화 해제(복호화) 없이 연산이 가능한 동형암호를 이용하면 개인 정보를 보호하면서도 동선 추적을 할 수 있기 때문이다. 이 시스템에 요구되는 기술은 다음과 같다.

- **동형암호**: 암호화된 상태로 데이터 비교와 통계 분석이 가

  능한 암호 체계

- **가명화**: 개인을 특정할 수 없도록 개인 정보를 비식별화

- **정보 분석**: 위험 상황을 탐지하면 관련된 개인과 기관에

  위기 상황 통보

────── 코로나19 알아보기

김은영, 「영화를 통해 바라본 '코로나19'」, 『사이언스타임즈』, 2020년 4월 9일.

노현모, 「생물 속에서만 생명 얻는 불완전한 생물」, 『과학동아』, 1994년 2월.

리더스 다이제스트, 『세계사의 100대 사건』(동아출판사, 1995).

비대면 기술, 『IT용어사전』(https://terms.naver.com/entry.nhn?docId=5912008&cid=
       42346&categoryId=42346).

심창섭, 「코로나19, 노인 남성이 가장 위험하다」, 『사이언스타임즈』, 2020년 8월 31일.

예병일, 『의학사의 숨은 이야기』(한울, 1999).

윤상석, 「코로나바이러스가 퍼트린 무서운 전염병들」, 『사이언스타임즈』, 2020년 9
       월 25일.

윤진욱, 「코로나19로 시작된 비대면, 그 끝은?」, 『사이드뷰인터넷신문』, 2020년 8월 8일.

음재훈, 「코로나로 10년 이상 빨라진 '디지털 아메리카'」, 『조선일보』, 2020년 9월 8일.

이강봉, 「고령자가 코로나19에 약한 이유」, 『사이언스타임즈』, 2020년 9월 17일.

_____, 「과학 언론도 '한국 칭찬'에 합류」, 『사이언스타임즈』, 2020년 3월 12일.

_____, 「네안데르탈인 유전자, 코로나19 중증 유발」, 『사이언스타임즈』, 2020년 7월 6일.

_____, 「뉴질랜드, 어떻게 코로나19를 퇴치했나?」, 『사이언스타임즈』, 2020년 6월 9일.

_____, 「비만이 코로나19 증세를 악화시킨다」, 『사이언스타임즈』, 2020년 9월 11일.

_____, 「신생아가 코로나19에 걸리지 않는 이유는?」, 『사이언스타임즈』, 2020년 9월 3일.

_____, 「코로나19 빠른 확산 원인은 돌연변이」, 『사이언스타임즈』, 2020년 4월 1일.

_____, 「코로나19 환자 '네 가지' 유형이 있다」, 『사이언스타임즈』, 2020년 3월 23일.

이성규, 「여과지도 통과하는 기이한 미생물」, 『사이언스타임즈』, 2020년 3월 16일.

이은희, 『하리하라의 몸 이야기』(해나무, 2012).

_____, 『하리하라의 청소년을 위한 의학이야기』(살림, 2014).

이종우, 「배달 커머스, 배달을 지배하는 자 유통을 지배한다」, 전국투자자교육협의회, 2020년 8월 27일.

_____, 「비대면 금융, 금융회사 지점이 사라진다」, 전국투자자교육협의회, 2020년 8월 31일.

_____, 「언택트의 조상, 이커머스」, 전국투자자교육협의회, 2020년 8월 26일.

전성훈, 「이탈리아 연구진 "모유 수유로는 코로나19 전파 안 돼"」, 『연합뉴스』, 2020년 9월 28일.

정진호, 『위대하고 위험한 약 이야기』(푸른숲, 2017).

조 슈워츠, 이은경 옮김, 『장난꾸러기 돼지들의 화학피크닉』(바다출판사, 2002).

조승한·김민수, 「재택근무, 코로나 방역에 확실히 도움된다」, 『동아사이언스』, 2020년 9월 4일.

채움과비움한의원, 「코로나의 진짜 무서움은 후유증? 4명 중 1명이 탈모」(https://blog.naver.com/bom_hair/222079183378).

페터 크뢰닝, 이동준 옮김, 『오류와 우연의 과학사』(이마고, 2005).

—— 팬데믹과 4차 산업혁명

강준만, 『한국인을 위한 교양 사전』(인물과사상사, 2004).

구본권, 「인공지능 기술 숨 가쁜 발전 배경엔 '공유와 개방' 문화」, 『한겨레』, 2017년 3월 6일.

김광호, 「바코드, 앞으로 40년 이상 유용」, 『내일신문』, 2004년 7월 1일.

김수병, 「'마법의 돌'이 일상을 바꾼다」, 『한겨레21』, 2004년 5월 20일.

김순강, 「코로나19가 증강지능 시대 앞당겨」, 『사이언스타임즈』, 2020년 7월 6일.

김은영, 「비서형 인공지능이 사교육 평정」, 『사이언스타임즈』, 2016년 10월 18일.

_____, 「빅데이터 테크놀로지 시대 온다」, 『사이언스타임즈』, 2016년 3월 10일.

_____, 「클라우드, 학교 수업을 바꾼다」, 『사이언스타임즈』, 2016년 12월 2일.

_____, 「포스트 코로나, 영역 파괴와 혁신 동시에 이뤄진다」, 『사이언스타임즈』, 2020년 5월 15일.

김재필, 「사물 인터넷, 2020년엔 208억 개 연결…700조 원 시장 열린다」, 『조선일보』, 2016년 8월 22일.

김정은, 「'아마존 공습'에도 승승장구한 월마트의 비결」, 『한국경제』, 2020년 9월 14일.

김준래, 「4차 산업혁명의 핵심, 5G가 빠른 이유」, 『사이언스타임즈』, 2017년 3월 22일.

노규성, 『기업을 바꾼 10대 정보시스템』(커뮤니케이션북스, 2014).

박종현 외, 『사물 인터넷의 미래』(전자신문사, 2014).

박진한, 『O2O』(커뮤니케이션북스, 2016).

새뮤얼 그린가드, 최은창 옮김, 『사물 인터넷이 바꾸는 세상』(한울, 2017).

수전 그린필드, 전대호 옮김, 『미래』(지호, 2005).

엄형준, 「상품 바코드 찍으면 당일 배송, 무거운 장바구니 안녕」, 『세계일보』, 2017년 2월 8일.

_____, 「유통업계 화두는 '무인 결제 시스템'」, 『세계일보』, 2017년 2월 7일.

에릭 뉴트, 박정미 옮김, 『미래 속으로』(이끌리오, 2001).

요시카와 료조, KMAC 옮김, 『제4차 산업혁명』(KMAC, 2016).

유하늘, 「네이버, 클라우드 출사표 "목표는 글로벌 빅5"」, 『한국경제』, 2017년 4월 18일.

윤진욱, 「코로나19로 시작된 비대면, 그 끝은?」, 『사이드뷰인터넷신문』, 2020년 8월 8일.

음재훈, 「코로나로 10년 이상 빨라진 '디지털 아메리카'」, 『조선일보』, 2020년 9월 8일.

이강봉, 「교육 현장에 인공지능 도입 '논란'」, 『사이언스타임즈』, 2016년 3월 14일.

_____, 「뉴질랜드, 어떻게 코로나19를 퇴치했나?」, 『사이언스타임즈』, 2020년 6월 9일.

_____, 「인공지능 교사가 수학 가르친다」, 『사이언스타임즈』, 2016년 12월 27일.

이성규, 「코로나19가 논문 프로세스 바꿨다」, 『사이언스타임즈』, 2020년 5월 18일.

이정호, 「4차 산업혁명 '실핏줄' 5G 2019년 한국서 첫 서비스」, 『한국경제』, 2017년 3월 29일.

이종우, 「배달 커머스, 배달을 지배하는 자 유통을 지배한다」, 전국투자자교육협의회, 2020년 8월 27일.

_____, 「비대면 금융, 금융 회사 지점이 사라진다」, 전국투자자교육협의회, 2020년 8월 31일.

_____, 「언택트의 조상, 이커머스」, 전국투자자교육협의회, 2020년 8월 26일.

이종호, 『4차 산업혁명과 미래 직업』(북카라반, 2017).

이필렬 외, 『과학 우리 세대의 교양』(세종서적, 2004).

정재승, 『물리학자는 영화에서 과학을 본다』(동아시아, 2002).

정철환, 「전기 소모 3배인 5G…전력 대책은 있나」, 『조선일보』, 2020년 9월 9일.

조승한·김민수, 「재택근무, 코로나 방역에 확실히 도움된다」, 『동아사이언스』, 2020년 9월 4일.

조형래·신은진, 「IT 이을 新성장 동력…대기업들까지 뛰어들어」, 『조선일보』, 2011년 6월 2일.

카이스트 기술경영전문대학원, 『스마트 테크놀로지의 미래』(율곡출판사, 2016).

클라우스 슈바프, 김진희 외 옮김, 『4차 산업혁명의 충격』(흐름출판, 2016).

하선영, 「베저스가 만든 'AI 마트' 미국 800만 일자리를 위협하다」, 『중앙일보』, 2017년 2월 8일.

황재민 외, 『4차 산업혁명 에센스』(행복에너지, 2020).

황태호, 「'언택트 소비' 명암…몸 키우는 이커머스, 군살 빼는 대형마트」, 『동아일보』, 2020년 9월 7일.

「RFID」, 국립중앙과학관.

「비대면 기술」(https://terms.naver.com/entry.nhn?docId=5912008&cid=42346&categoryId=42346).

「사물 인터넷 역사」, 국립중앙과학관.

「사물 인터넷 활성화 배경」, 국립중앙과학관.

「사물 인터넷이란」, 국립중앙과학관.

—— 뉴노멀 시대의 핵심 기술

강동철, 「자율 주행 택시 대중화 땐 자동차 90퍼센트 사라져」, 『조선일보』, 2018년 3월 9일.

곽재식, 『로봇공화국에서 살아남는 법』(구픽, 2016).

김만기, 「1억 도씨 20초 유지…한국 인공태양 'KSTAR' 또 세계 신기록」, 『파이낸셜뉴스』, 2020년 11월 24일.

김미희, 「자율 주행차 막 시동 걸었는데…정부는 초강력 '규제 브레이크'」, 『파이낸셜뉴스』, 2017년 7월 11일.

김순강, 「코로나19가 증강지능 시대 앞당겨」, 『사이언스타임즈』, 2020년 7월 6일.

_____, 「코로나로 디지털 전환 가속화…일자리 문제 심화」, 『사이언스타임즈』, 2020년 5월 13일.

김신영, 「생각만으로 로봇 움직여…인류 '뇌과학+IT' 새 길 연다」, 『조선일보』, 2012년 5월 18일.

김윤구, 「자율 주행차 향한 테슬라와 구글의 '엇갈린 길'」, 『연합뉴스』, 2016년 7월 5일.

_____, 「테슬라, 자율 주행 첫 사망 사고 책임 벗었다」, 『연합뉴스』, 2017년 1월 20일.

김은영, 「자율 주행차, 철학이 필요하다」, 『사이언스타임즈』, 2016년 12월 8일.

_____, 「코로나19 이후, AI 시대 가속화된다」, 『사이언스타임즈』, 2020년 4월 29일.

김종환, 「유비쿼터스 시대의 로봇, 유비봇」, 『사이언스타임즈』, 2004년 11월 5일.

김준래, 「스마트 하이웨이 시대가 열린다」, 『사이언스타임즈』, 2016년 12월 28일.

_____, 「자율 주행차 '상용화 시대' 전망」, 『사이언스타임즈』, 2016년 12월 26일.

_____, 「자율 주행 기술, 어디까지 왔나」, 『사이언스타임즈』, 2016년 12월 16일.

김충섭, 「핵융합」, 『네이버캐스트』.

김현정, 「비대면 패러다임을 수반한 미래 시나리오 점검」, 『사이언스타임즈』, 2020년 7월 31일.

김형근, 「지식 창조의 힘 '뇌' 전문가들 한자리」, 『사이언스타임즈』, 2008년 4월 30일.

김형자, 「쓰레기 태우고 공해 줄이고 피부 재생시키고 플라스마 혁명」, 『주간조선』, 제2098호.

도지마 와코, 조성구 옮김, 『로봇의 시대』(사이언스북스, 2002).

류아연, 「'감성 로봇' 신종족의 출현 '마지막 진화'인가」, 『노벨사이언스』, 2017년 3월 23일.

리더스다이제스트, 『20세기 대사건들』(동아출판사, 1985).

박병철, 『영화 속의 철학』(서광사, 2001).

박지훈, 「AI시대 유망한 직업과 새로 태어날 일자리는?」, 『매일경제』, 2016년 5월 2일.

박진우, 「"강남서 인천공항까지 드론 택시로 10분"…이동 수단 미래를 보다」, 『한국경제』, 2019년 11월 8일.

산업자원부 로봇팀, 「지능형 로봇 산업 주요 정책 방향」, 2007 지능형 로봇 그랜드 워크숍, 2007년 8월 29~31일.

새뮤얼 그린가드, 최은창 옮김, 『사물 인터넷이 바꾸는 세상』(한울, 2017).

석광훈, 「'돈 먹는 하마'에 거침없이 투자?」, 『한겨레21』, 제659호.

선연수, 「자동화로 인한 실직률 88퍼센트, 코로나19 이후 직업 전망은?」, 『테크월드 뉴스』, 2020년 6월 5일.

송성수, 『발명과 혁신으로 읽는 하루 10분 세계사』(생각의힘, 2018).

송태형, 「전기차도 100년 전 기술…"꺼진 생각도 다시 보자"」, 『한국경제』, 2017년 2월 24일.

오원석, 「자율 주행 자동차」, 『네이버 캐스트』, 2015년 6월 4일.

원성훈, 「알파고와 이세돌 9단, 인공지능과 자율 주행」, 『글로벌오토뉴스』, 2016년 3월 11일.

유상연, 「우주에서 얻는 미래 자원 헬륨3」, 『KISTI의 과학향기』, 2006년 4월 10일.

유성민, 「AI로 전염병 예측…확산도 막는다」, 『사이언스타임즈』, 2020년 3월 19일.

_____, 「로봇으로 코로나19에 대응하다」, 『사이언스타임즈』, 2020년 3월 18일.

_____, 「코로나19로 인해 평범한 일상이 바뀌다」, 『사이언스타임즈』, 2020년 3월 17일.

윤신영, 「거창한 자율 주행 안녕! '작고 느린' 교통으로 미래 도시 혁신 꿈꾼다」, 『동아사이언스』, 2018년 1월 1일.

이강봉, 「'날아다니는 자동차' 최초 공개」, 『사이언스타임즈』, 2017년 4월 25일.

_____, 「'무인차 시대' 노는 차량 사라진다」, 『사이언스타임즈』, 2016년 7월 12일.

_____, 「5년 안에 무인 택시 이용 가능」, 『사이언스타임즈』, 2016년 9월 20일.

이근영 외, 『미래와 과학』(인물과사상사, 2018).

이성규, 「1억 도의 플라스마를 담아라!」, 『사이언스타임즈』, 2004년 9월 14일.

_____, 「마우스도 귀찮아, 생각만으로 움직일 순 없을까」, 『사이언스타임즈』, 2005년 6월 21일.

_____, 「자율 주행차, 도시 변혁 이끈다」, 『사이언스타임즈』, 2018년 3월 17일.

_____, 「포스트 코로나 시대의 키워드는?」, 『사이언스타임즈』, 2020년 4월 24일.

이영완, 「뇌 운동중추에 머리카락 굵기의 전극 96개 심어 신경신호 포착→해독 SW→로봇 동작으로 변환」, 『조선일보』, 2012년 5월 18일.

_____, 「뇌에서 뇌로 정보 전달하는 무선통신 시대 성큼 "주말 골퍼도 우즈처럼 칠 수 있다"」, 『조선일보』, 2011년 1월 12일.

이은희, 『하리하라의 과학블로그 2』(살림, 2005).

이인식, 「전신마비 환자를 스스로 걷게 하라, 생각만으로!」, 『중앙선데이』, 2012년 7월

28일.

이재원, 「'인공태양' 핵융합 에너지 시대 열었다」, 『파이낸셜뉴스』, 2007년 9월 13일.

이종호, 『노벨상이 만든 세상 물리학』(나무의꿈, 2007).

이지민, 「"테슬라 자율 주행 덕에 목숨 건져"…독일 고속도로 영상 공개돼」, 『이투데이』, 2016년 12월 29일.

이태훈, 「내 마음대로 움직이네!…'생각을 읽는 기계' 개발 경쟁」, 『조선일보』, 2009년 8월 28일.

이한수, 「'생각 송수신 장치'로 의사소통…세계 단일 통화 출현」, 『조선일보』, 2012년 1월 17일.

이현경, 「한국에 '인공태양'이 뜬다」, 『과학동아』, 2007년 8월.

장상진, 「특수 헤어밴드로 스티븐 호킹의 뇌 해킹한다」, 『조선일보』, 2012년 6월 26일.

장은지, 「폭스바겐이 꿈꾸는 자율 주행…"인간과 차의 끊임없는 소통"」, 『NEWS1』, 2017년 1월 6일.

정환용, 「영화 속 인공지능, 현실이 된다면」, 『스마트PC사랑』, 2016년 4월 1일.

조인혜, 「자율 주행차, 착시 현상 극복해야」, 『사이언스타임즈』, 2016년 7월 5일.

조재희, 「AI·로봇·자율 주행차에 1조 쏟아부은 네이버」, 『조선일보』, 2017년 4월 4일.

채상우, 「인공지능의 미래, 삶의 희망·경제적 안정·편리 창출」, 『이데일리』, 2016년 6월 15일.

최덕수, 「기름으로 달리지 않는 차, 우리의 삶을 180도 바꿔놓을 자동차 산업」, 『앤스토리』, 2017년 6월 13일.

최성우, 「첨단 기술의 원천인 제4의 물질 상태-플라즈마」, 『KISTI의 과학향기』, 2004년 8월 6일.

최재훈, 「토머스 프레이, 의정부서 '4차 산업혁명과 미래 직업' 강연」, 『경인일보』, 2017년 9월 12일.

카이스트 기술경영전문대학원, 『스마트 테크놀로지의 미래』(율곡출판사, 2016).

케빈 워릭, 정은영 옮김, 『나는 왜 사이보그가 되었는가』(김영사, 2004).

케빈 워릭, 한국과학기술원시스템제어연구실 옮김, 『로봇의 행진』(한승, 1999).

클라우스 슈바프, 김진희 외 옮김, 『4차 산업혁명의 충격』(흐름출판, 2016).

현원복, 『미리 가 본 21세기』(겸지사, 1997).

황재민 외, 『4차 산업혁명 에센스』(행복에너지, 2020).

—— **포스트 코로나 유망 기술 25**

구본권, 「코로나 이후 뜰 미래 기술 25가지」, 『한겨레』, 2020년 4월 29일.

김재호, 「포스트 코로나 시대 이끌 유망 기술 25가지」, 『AI타임스』, 2020년 4월 28일.

이종호, 『2030년, 미래 한국에서는 어떤 일이?』(김영사, 2005).

임현 외, 「KISTEP 미래 예측 브리프-포스트 코로나 시대의 미래 전망 및 유망 기술」,
        한국과학기술평가원.

클라우스 슈바프, 김진희 외 옮김, 『4차 산업혁명의 충격』(흐름출판, 2016).

포스트 코로나 로드맵

ⓒ 이종호, 2021

초판 1쇄 2021년 1월 4일 찍음
초판 1쇄 2021년 1월 8일 펴냄

지은이 | 이종호
펴낸이 | 이태준

기획·편집 | 박상문, 박효주
디자인 | 최진영, 홍성권
관리 | 최수향
인쇄·제본 | 제일프린테크

펴낸곳 | 북카라반
출판등록 | 제17-332호 2002년 10월 18일

주소 | (04037) 서울시 마포구 양화로 7길 6-16 서교제일빌딩 3층
전화 | 02-325-6364
팩스 | 02-474-1413
www.inmul.co.kr | cntbooks@gmail.com

ISBN 979-11-6005-096-7 03320
값 15,000원

이 도서의 국립중앙도서관 출판시도서목록(CIP)은 서지정보유통지원시스템 홈페이지
(http://seoji.nl.go.kr)와 국가자료공동목록시스템(http://www.nl.go.kr/kolisnet)에서
이용하실 수 있습니다. (CIP제어번호: CIP2020053881)